Massimiliano Ossini

KALIPÈ

Il cammino della semplicità

Prefazione
di Brunello Cucinelli

Rai Libri

Rai Libri
Via Umberto Novaro, 18 - 00195 Roma

ISBN 978883971789-4

Grafica e impaginazione
Make id S.r.l. - Roma

Stampa
Grafica Veneta S.p.A. - Trebaseleghe (PD)

Papa Francesco, domenica 1° dicembre 2019, durante una cerimonia a Greccio per commemorare il primo presepe della storia, mi ha dato il compito di divulgare un messaggio: nel presepe "c'è spazio per tutto ciò che è umano e per ogni creatura. Dal pastore al fabbro, dal fornaio ai musicisti, dalle donne che portano le brocche d'acqua ai bambini che giocano... tutto ciò rappresenta la santità quotidiana, la gioia di fare in modo straordinario le cose di tutti i giorni".

Prefazione

di Brunello Cucinelli

In questo appassionato e bel libro di Massimiliano Ossini si parla di giovani, e a loro, con il termine tibetano *kalipè*, Ossini augura che il cammino verso la vita, in un mondo dove sembra prevalere l'accelerazione, possa essere sempre condotto a passo lento e regolare.

Accetto volentieri l'invito di Massimiliano a scrivere una breve prefazione perché leggendo il suo libro vi ho ritrovato gli ideali che nel corso degli anni hanno rischiarato la strada della mia vita, in particolare, appunto, il tema dei giovani, che mi sta specialmente a cuore. È uno di quelli che non risente del trascorrere del tempo e che è attuale in tutte le nazioni e in ogni condizione sociale. Amo i giovani perché rappresentano il futuro e pertanto vanno amati e custoditi. Ma quante volte vediamo che invece vengono sfruttati, socialmente e individualmente, per interessi personali non sempre nitidi, in gradi diversi, ma sempre poco nobili sul piano morale?

I giovani, come la Storia e l'esperienza personale ci insegnano, sono così ricchi di vita, di entusiasmo, di forza, da poter smuovere le montagne, e d'altro canto anche così ingenui e indifesi da lasciare che persone poco nobili li guidino verso strade che non sono le loro. Una forma di violenza non sempre riconoscibile.

Non vorrei più vedere insegnanti che spingono i giovani a sostenere ideali poco affascinanti, non vorrei più vedere genitori che impediscono la crescita dei figli, non vorrei più vedere giovani che portano altri giovani verso vite nascoste.

Personalmente, metto i giovani al primo posto, e credo che questo sentimento sia il più forte tra quelli che provo. Come sia arrivato a questo, non so. Credo che il ricordo di essere stato protetto da una famiglia amorosa e compatta, dove ognuno aveva un ruolo, un dovere e un diritto, mi abbia reso consapevole nel tempo della gioia di essere giovane, quando il lavoro non era considerato una punizione, ma un premio. Ricordo, fin da adolescente, che non potevo sopportare le ingiurie e le offese inflitte a bambini o ragazzi indifesi, e che senza paura intervenivo a difesa di questi ultimi.

Ma anche la mia vicenda di imprenditore, con tutti i suoi risvolti sociali di contatti sempre nuovi, ha contribuito a rinsaldare e a far maturare tale sentimento. Infatti, nonostante la mia attività lavorativa mi leghi a sé con le sue tante necessità e urgenze quotidiane, quello che in me è di umanistico risorge e prevale sempre, luce e guida delle mie azioni.

Lo so che noi padri abbiamo fatto due gravi errori con i nostri figli. Io, che ho sessantasei anni, come gli altri: il primo grande errore è stato quello di aver trasmesso loro quasi una sorta di obbligo di aver paura. Non capisco di che cosa abbiano paura: mi piacerebbe che, da domani, la parola *paura* fosse sostituita dalla parola *speranza*. Una vita senza speranza non ha logica di essere vissuta.

Poi abbiamo commesso un secondo, non meno grande errore, e cioè abbiamo detto ai nostri figli: «Non volete studiare? Ahimé, allora andrete a lavorare!». In pratica abbiamo addebitato al lavoro le pene per non aver studiato. Anche questo va cambiato.

So di ripetermi, ma vorrei ancora una volta riaffermare con la più grande forza che siamo debitori nei confronti dei giovani di quella parte di serenità di vita che abbiamo loro sottratto con un consumismo non sempre adeguato, della fiducia nel futuro che oggi pochi di loro hanno, di tutto quello smarrimento che invece vediamo, del mondo che gli lasciamo in eredità. Dobbiamo fare in modo che la serenità e la fiducia tornino a guidare i giovani e che di smarrimento non si parli più.

Se sapremo guardarli con attenzione riconosceremo nei loro occhi questo debito grande. Però se li guardiamo con superficialità, se non siamo bene attenti, se non abbiamo tempo e pazienza di metterci al loro fianco e ascoltare la voce della loro anima, potrebbero apparirci sfrontati e distaccati. Però, credetemi, è solo la loro grande difesa. I giovani di oggi non sono diversi da quelli che hanno costruito il mondo in ogni epoca, quelli che furono i nostri padri storici, ragazzi magari poco più che ventenni quando divennero eroi. Lo divennero per i loro ideali, e forse perché non vi era chi, magari facendo credere di fare la loro felicità nutrendoli di un benessere fittizio e svilente, nascostamente tarpava loro le ali del coraggio.

Io so, invece, che i giovani di oggi sono genuini e veri, una miniera di sogni, di ideali, di amore e di forza. Se con cuore sincero sapremo assumere la responsabilità del nostro debito, allora troveremo la forza di rimboccarci le maniche dinanzi all'arduo compito di invertire la tendenza, e sapete perché? Perché quale che sia e quanto lunga e difficile sarà la strada, i giovani saranno contenti anche solo di riconoscere la verità dei nostri sentimenti, capire che siamo veri.

Mi piace quando Massimiliano sottolinea l'importanza di penetrare l'essenza delle cose prima di procedere. Solo in questo modo il viaggio della nostra vita ci permette di vedere l'anima del mondo, un po' come accade con le cose materiali quando si va a piedi invece che in automobile. Procedere lentamente e regolarmente sintonizza di nuovo la vita contemporanea con la lentezza della natura umana, e di questo parla papa Francesco in un suo recente scritto dove lancia l'idea bellissima di un nuovo patto educativo per la cura del Creato. Affascina il suo scritto quando parla della famiglia come di un "villaggio dell'educazione", perché richiama un dato antropologico del quale gli scienziati da tempo lamentano la scomparsa, che va sotto il nome di "accudimento del cucciolo". Che poi altro non è, appunto, che un villaggio dell'educazione dove, se i genitori vengono a mancare, è il gruppo sociale che si sostituisce spontaneamente nell'allevamento della prole. Questo accade per gli animali, ed è accaduto per tanto tempo anche per gli uomini. La bellezza di tale aspetto sta tutta nel suo significato sociale, perché l'accudimento del cucciolo è il segno del valore assoluto che un determinato gruppo sociale attribuisce ai giovani-cuccioli. Però, a sentire gli scienziati, tale accudimento, come sentimento collettivo, è venuto meno tra gli uomini contemporanei.

Sarebbe un errore pensare che la società, in qualsiasi sua forma, possa vivere senza sentimenti. Un sistema di regole creato per l'agire comune non può essere sano se non nasce dal valore dei sentimenti sociali. Lo pensava Ruskin.

C'è un altro tema, tra quelli trattati da Massimiliano, che mi appare affascinante: è quello della parola, in un periodo dove un po' dappertutto, nella vita di ogni giorno e in televisione, essa ha perso, sembra, la sua nobiltà e il suo significato. Da un lato inflazionata, dall'altro svuotata di senso, qual è ormai il valore della parola? Non va dimenticato invece che è sacra, è il *logos* divino.

Più di ogni altro bene prezioso, va utilizzata con appropriatezza.

La parola diventa volgare quando è messa a servizio dell'arroganza, offensiva e senza regole, e invece è così preziosa quando serve per dare coraggio, per aiutare, e quando si alterna al silenzio, a quel silenzio che è linguaggio dell'anima, e che, come ancora saggiamente ci ricorda Massimiliano, possiamo ritrovare oggi magari in un lontano convento minore, ma che ci piacerebbe tornasse ad abitare nelle nostre case per incontrarlo ogni giorno.

E ancora mi piacerebbe dire ai giovani che non esistono lavori nobili e lavori meno nobili, perché la nobiltà di cui parlo non sta nelle cose, ma nei nostri cuori. Se un imprenditore, come me, diventa ricco non perché pone la ricchezza al primo posto, ma perché crede soprattutto nel beneficio che con il suo lavoro può apportare alla società, se nel suo agire il suo cuore ritorna costantemente a questo tema e non si farà distrarre, il suo lavoro sarà sempre nobile. Egli avrà così la grande responsabilità di stare costantemente attento all'intero processo produttivo di ciò che produce e commercia, si preoccuperà della perfezione e della purezza dei suoi prodotti, ma sarà anche suo impegno rendere sempre più garbati i compiti che offre alle persone che lo aiutano nei diversi settori di produzione, nel rispetto della terra madre che nutre tutti noi.

Mio padre, nella sua rude semplicità contadina, mi ricordava costantemente che dovevo essere sempre una persona perbene. Ho capito nel tempo la profondità di tale concetto; ho imparato dalla vita che essere sempre giusto, con pazienza, gentilezza e tatto, rispettando gli impegni, è un imperativo morale da condividere con ogni uomo che desidera vivere secondo il rispetto dei suoi simili.

Queste sono le testimonianze che porgiamo ai giovani, e lo fa stupendamente Massimiliano, anche lui giovane, in questo suo suggestivo libro, non già con l'intenzione di chi vuol riscattare un debito, ma come atto di giustizia. I giovani non hanno bisogno della nostra elemosina perché non sono poveri. L'elemosina che si fa ai poveri è un atto di carità, ma senza il sole della giustizia non porterà i frutti a maturazione. Facciamo bene ad aiutare chi ha bisogno, accompagnando il nostro dono con parole di pazienza e di speranza, ma solo se le nostre azioni saranno giuste esse avranno un seguito duraturo.

Il nostro debito nei riguardi dei giovani, l'ho detto, è grande, ma non potrà mai esserlo tanto da scoraggiare il costante tentativo di restituire gioia, speranza e coraggio. Il punto di ripartenza è la restituzione dei valori. La parola "valore" viene dal latino *valere*, che sta per "stare bene", "essere forti". Se saremo forti, potremo essere utili agli altri, ma dobbiamo avere le idee chiare su cosa è veramente utile al di là dell'effimero e dell'apparenza.

Concludo questo mio scritto con una richiesta ai giovani: noi abbiamo ormai fatto il nostro tempo, nel bene e nel male; ora è il vostro tempo, e anche voi avrete a che fare con il bene e con il male. Abbiate il coraggio di non essere indifferenti e di progettare il lavoro per noi, per il futuro. Infatti avete il dovere e il diritto di cercare il lavoro, ma avete anche quello di creare il lavoro, perché il mondo ha bisogno di innovazione, e voi avete genio abbastanza per crearla. Per questo mi piacerebbe che aveste coraggio e foste aperti al mondo, facilitati in questo, se ben utilizzato, da quel dono meraviglioso che è Internet. Dobbiamo insieme ritrovare l'amore per una sorta di universalismo del mondo. Per questo dobbiamo essere aperti al mondo.

Quando Pericle, nel suo meraviglioso discorso, in un momento difficile per Atene, cinque secoli prima di Cristo, dice «Noi ad Atene facciamo così», egli non è un vanaglorioso, non è un predicatore: è solo un uomo che ama la vita ed elenca una serie di cose bellissime, tra cui il rispetto per lo Stato e per le leggi, leggi che a volte ci trovano d'accordo, altre volte ci piacciono un po' meno, ma vanno sempre rispettate; e conclude il suo discorso con un'espressione affascinante, che propongo infine ai giovani: «Atene è una città aperta al mondo e noi non cacciamo mai nessuno». Questa fu la ragione delle sua grandezza.

IL CAMMINO
DELLA SEMPLICITÀ

1

UN CAMMINO PIÙ SEMPLICE

Camminare è aprire frontiere, uscire, aprire porte e cercare strade. Camminare… Non stare seduti; non installarsi, nel cattivo senso della parola. È vero, c'è bisogno di organizzare cose, ci sono lavori che esigono di stare tranquilli, però con l'anima, con il cuore e la testa camminare e cercare.

Papa Francesco

L'esperienza del mio primo libro, *Kalipè. Lo spirito della montagna*, ha segnato per me un momento decisivo di crescita e, in un certo senso, di liberazione. Ripercorrendo a ritroso la mia vita mi sono accorto di quanto davvero i semi gettati dalla montagna, dal suo silenzioso insegnamento, avessero fatto fiorire nelle mie giornate una serenità impensata. Di fronte a eventi lavorativi e famigliari che prima mi avrebbero trascinato in una spirale di stress e azioni avventate, il passo lento e l'allenamento all'attesa hanno trasformato radicalmente la prospettiva.

Ma è stato soprattutto l'incontro col pubblico dei lettori a cambiarmi, un pubblico che finalmente ho potuto vedere faccia a faccia, senza la mediazione dello schermo televisivo.

Ho ascoltato la voce dei lettori di *Kalipè*, ho conosciuto i loro volti e le loro domande, e mi sono reso conto che da parte mia, come da parte loro, c'era un profondo desiderio di continuare il dialogo.

Molte di quelle domande non riguardavano nello specifico la vita d'alta montagna, ma piuttosto la necessità di un rapporto più autentico con la natura, di aprire una faglia nella maglia compatta e asfissiante delle nostre esistenze per lasciarvi passare la bellezza e lo stupore.

Se l'incontro con le vette e coi ghiacciai sicuramente permette di raggiungere una maggior consapevolezza e un contatto più profondo col nostro io primordiale, è anche vero che si tratta di una strada non alla portata di tutti, che richiede allenamento, attrezzatura, tempo e grossi spostamenti.

Guardando alla mia vita, mi sono reso conto che esiste un cammino più accessibile e quotidiano che ci permette di accedere all'essenza delle cose raggiungendo importanti benefici.

I giapponesi l'hanno chiamato *Shinrin-yoku*, "bagno nel bosco", termine coniato nel 1982 da Tomohide Akiyama, direttore generale dell'Agenzia dell'agricoltura, delle foreste e della pesca, che ha avviato una campagna di promozione del trekking nei boschi come ricetta per migliorare la salute psicofisica e incentivo a prendersi cura dell'ambiente. Gli studi giapponesi hanno infatti dimostrato che già solo due ore di camminata nel verde praticate con regolarità ogni mese permettono di alzare le difese immunitarie fino al 16 per cento e di aumentare i livelli di energia, diminuendo ansia, depressione e stress.

Quando, quindici anni fa, nonostante lavorassi tra Milano e Roma, ho scelto Ascoli Piceno come luogo per vivere con la mia famiglia, avevo in mente proprio questo: la possibilità, per me e per i miei figli, di un'immersione quasi quotidiana nel verde dei boschi e delle colline marchigiane.

Non si tratta di un ripiego, di un escamotage da mettere in atto quando, per diverse ragioni, non si può accedere alla bellezza incontaminata e mozzafiato del ghiaccio e dell'aria rarefatta; stiamo parlando di un percorso totalmente diverso che ci porta in una dimensione verde e popolata di sottili rumori, laddove, in alta montagna, il cielo e la roccia riempiono l'orizzonte del loro silenzio. In entrambi i casi camminiamo ed entriamo in dialogo con la natura ma, se la salita verso la vetta sfida ad andare avanti, ad andare oltre, il "bagno nel bosco" è un'esperienza immersiva che invita invece ad addentrarsi, a scendere nel profondo.

La montagna, come diceva Goethe, è una "maestra muta", il suo respiro incommensurabile ci mette di fronte alla nostra piccolezza, le sue strade impervie ci chiamano a un'attenzione costante, nelle sue notti solitarie e stellate si prova una meraviglia che a volte, quasi, si avvicina allo spavento.

I poggi e i boschi ci permettono invece di fare un'esperienza di comunione con la natura che ci offre il suo abbraccio quasi come un'amica, una sorella, qualcuno di vicino e raggiungibile. Camminare tra gli alberi, lungo i ruscelli e ascoltare il ronzio degli insetti è come ritrovare una famiglia che non pensavamo di avere, ci fa riscoprire parte di un tutto da cui la quotidianità di cemento e schermi in cui siamo imprigionati ci taglia fuori.

È un'esperienza di autentica fratellanza, non lontana da quella che ha ispirato il *Cantico delle creature* di san Francesco. E proprio Francesco, il Santo ambientalista per eccellenza e forse uno dei più grandi camminatori della Storia, è stato la prima fonte di ispirazione.

L'anno scorso, durante una puntata di Linea Bianca girata a San Giacomo della Marca, un santuario a Monteprandone, nell'ascolano, eretto nel 1449 dall'omonimo Santo francescano, ho avuto modo di conoscere la vivace comunità di francescani che ruota intorno al convento.

Da subito mi ha colpito il particolare sguardo dei frati, attento a ogni forma di vita, in connessione profonda, prima ancora che con Dio, con l'ambiente intorno a loro.

Dopo questo incontro, mi è tornato nitido alla mente il ricordo di un'escursione in bicicletta proprio in prossimità di Poggio Canoso. In quell'occasione mi ero perso e, girando in tondo con la mia mountain bike, avevo notato più volte un grande edificio in pietra che aveva al contempo un aspetto antico eppure fresco, come se l'avessero appena costruito. Mi aveva stupito perché, nonostante fosse nuovo, s'integrava perfettamente con l'ambiente circostante, come fosse stato lì da sempre. Mi è bastata una piccola ricerca per rendermi conto che quel misterioso edificio era anch'esso un eremo dedicato a san Francesco e abitato da una comunità di frati.

In quei mesi, grazie al fitto dialogo coi lettori del mio primo libro, stavo maturando spunti e riflessioni per approfondire le tematiche che mi stavano a cuore.

A volte capitava di sedermi, trovare un attimo per me, che fosse in montagna, a casa o durante le mie nuotate in piscina e, senza alcuna volontaria sollecitazione, tornavano alla mia mente volti, sguardi, parole, domande, aspettative, in alcuni casi frustrazioni, di tutte quelle persone che avevo incontrato alle presentazioni. Era come se durante quei mesi in giro per l'Italia, dalle grandi città alle piccole librerie di provincia, avessi ricevuto da tutta quella gente un abbraccio, un forte abbraccio, e ora sentissi addosso il profumo, l'odore di quella stretta sintomatica di un affetto che non volevo tradire.

Ho pensato così che sarei dovuto ripartire proprio da un incontro che nel tempo si era trasformato in amicizia. Decisi quindi di chiamare Domenico che avevo conosciuto lungo un sentiero che da Ascoli Piceno conduce all'Eremo di Colle San Marco e per me aveva scritto l'introduzione di *Kalipè*.

In quel testo lui citava un pensiero di Epicuro: "La natura ama nascondersi".

Quella frase mi era rimasta dentro, silenziosa aveva lavorato lentamente nei mesi addietro senza che io me ne accorgessi, e ora veniva fuori con tutta la sua forza e necessità. Rappresentava esattamente il mio stato d'animo: volevo continuare la mia ricerca, dovevo ancora cercare.

Così ho preso appuntamento con lui e, davanti a un caffè, abbiamo condiviso la nostra passione per le lunghe camminate nei poggi che circondano Ascoli, cercando la chiave migliore per raccontare i benefici di uno spazio di silenzio di cui, nelle nostre vite, non avremmo mai potuto fare a meno.

Siamo partiti dal significato profondo del cammino, ci siamo chiesti cosa ci spingesse ogni volta a metterci gli scarponi e intraprendere il sentiero. Per entrambi la risposta aveva a che fare con l'essenza più profonda di noi stessi, con il bisogno di liberarsi di tutti i fronzoli e riaccedere alla più nuda semplicità.

La figura di san Francesco, che giace nella memoria profonda di qualsiasi italiano credente o non credente che sia, è venuta da sé, si è inserita naturalmente nel nostro discorso. Il Santo poverello che, a piedi scalzi, aveva percorso in lungo e in largo le nostre terre, facendosi strada sui colli di Umbria e Marche, aveva sicuramente qualcosa da dirci in proposito.

Così abbiamo deciso di metterci in cammino sulle sue tracce seguendo uno dei tanti sentieri francescani tracciati nel Centro Italia.

La scelta più immediata sarebbe stata quella di percorrere il cammino che dalla località toscana di La Verna, luogo francescano per eccellenza in cui il Santo ha ricevuto le stimmate nel 1224, porta ad Assisi. Questo percorso di circa 200 chilometri si snoda tra la vegetazione rigogliosa del Parco Nazionale delle Foreste Casentinesi e le dolci colline dell'Alta Valle del fiume Tevere, attraversando borghi pieni di Storia come Pietralunga o Gubbio e bellezze naturali come la verde Valfabbrica, per giungere infine alla basilica di San Francesco d'Assisi.

Si tratta sicuramente di un cammino mozzafiato che, non a caso, ogni anno chiama sui suoi sentieri decine di migliaia di persone, metà delle quali sono straniere e vengono da tutta Europa, spesso anche da altri continenti. Alcune sono mosse da motivazioni religiose, ma molte vogliono semplicemente ricercare la loro verità nella connessione profonda con la natura, ispirati da una figura come Francesco che non parla solo di Dio ma anche dell'essenza umana.

Discutendone con Domenico, però, ci siamo convinti di voler percorrere un sentiero meno celebre e meno densamente frequentato, per dimostrare a noi stessi e ai lettori che a fare davvero la differenza non è tanto il dove si cammina ma il *come*.

È stato il mio amico a proporre la bretella del cammino francescano che da Venarotta procede sino a Montedinove e che conta tra le sue tappe principali l'Eremo di San Francesco a Rotella. Il convento in cui mi stava proponendo di sostare Domenico era lo stesso nominato dal mio operatore, il luogo in cui un pomeriggio di mesi prima avevo vagato in bicicletta cercando di trovare la strada di casa.

A quel punto, rassegnato a quella catena di coincidenze che erano diventate troppe per poter essere considerate tali, ho aderito con entusiasmo all'iniziativa del mio amico: evidentemente quel luogo mi stava chiamando.

La bretella Venarotta-Montedinove è la prima diramazione della tratta cosiddetta "della Marca" che unisce le località in cui Francesco ha sostato durante i suoi viaggi di evangelizzazione nell'ascolano. Il cammino che abbiamo scelto è un percorso minore e scarsamente conosciuto che, inaugurato molto recentemente (il 31 marzo del 2019), attraversa boschi e calanchi raggiungendo l'Eremo di San Francesco e fermandosi, infine, al Santuario di San Tommaso Becket a Montedinove.

La caratteristica di questo percorso che più mi ha attirato è la sua perifericità: più selvaggio del cammino La Verna-Assisi, questo sentiero attraversa luoghi solitari e abbandonati, piccoli borghi fantasma o abitati da poche persone. Spesso anziani che hanno sfidato tutto: la guerra, le avversità della vita, la fame, e soprattutto il tempo. Li incontri che sono fermi, magari a prendersi una lama di sole, immobili come fossero ultimi baluardi contro lo scorrere del tempo. Come se, in silenzio e senza tante chiacchere, avessero trovato un segreto, la chiave di volta per non farsi contagiare dalla modernità. Non sapevo ancora quanto il concetto di "periferia" fosse cruciale anche nella spiritualità francescana. Ad attrarmi era l'idea di un percorso più dimesso, specchio della semplicità di sguardo che costituisce l'eredità più preziosa del cammino.

Ma la semplicità che ci rimane addosso, anche dopo aver tolto le scarpe da trekking ed essere passati sotto una doccia rigenerante, è costantemente minacciata dal logorio dello stress quotidiano. Quando, dopo il nostro spazio di silenzio, riaccendiamo il cellulare, ecco palesarsi attraverso centinaia di notifiche, come punture di zanzare, il richiamo vorace del mondo: purtroppo basta poco, a volte un giorno più asfissiante degli altri, ad allontanarci dall'armonia raggiunta, a inquinare quella sensazione di pace. Eppure, nella mia esperienza, posso dire che esiste un modo per portare con noi il profumo del bosco anche nella vita di tutti i giorni, persino nel chiuso di una stanza dove sediamo per ore in riunione, di fronte al nostro tablet. L'unico modo è la perseveranza: occorre assicurarsi che non diventi la fuga sporadica di un weekend in cui non abbiamo altri appuntamenti ma una pratica ripetuta con impegno, a cadenze regolari. Il rapporto con la natura è come un amore, va coltivato, frequentato, ha bisogno di cura, di presenza.

Forse qualche lettore starà pensando che è facile prendersi questo impegno quando si vive ad Ascoli Piceno, circondati da boschi e morbide colline. Ma a differenza delle escursioni in alta montagna, lo *Shinrin-yoku*, il "bagno nel bosco", è qualcosa davvero alla portata di tutti, persino dei milioni di abitanti delle grandi città italiane.

La scienza ha dimostrato che basta prendersi il tempo per camminare in un grande parco, come ve ne sono molti anche a Roma o Milano, per diminuire l'impatto dei pensieri negativi. In Inghilterra è stato condotto uno studio su 38 soggetti che vivono in aree altamente urbanizzate o industriali. Queste persone sono state sottoposte ad alcuni test per misurare la tendenza a formulare pensieri negativi. È stata misurata l'attività cerebrale nell'area della corteccia prefrontale subgenuale, particolarmente coinvolta nella formulazione dei pensieri stressogeni. In seguito, i 38 soggetti sono stati divisi in due gruppi uno dei quali ha camminato per 90 minuti in un parco della città di Stanford, mentre l'altro ha passeggiato per lo stesso lasso di tempo in una strada urbana di Palo Alto.

Sono state poi ripetute le stesse misurazioni e tutti i paramenti hanno rivelato che nelle persone che avevano trascorso del tempo facendo movimento a contatto con la natura si registrava una netta diminuzione dei pensieri negativi e un cambiamento dell'umore in positivo.

Si tratta di una verità molto semplice: fare esperienza nella natura ci riporta al nostro stadio primordiale e tutto il fisico risponde di conseguenza, rallentando il ritmo cardiaco, abbassando la pressione, rilassando i muscoli. A volte cerchiamo di *intellettualizzare* le cause dell'ansia o del nostro cattivo umore quando si tratta invece di qualcosa di tangibile e concreto: non dimentichiamoci di avere un corpo che incide profondamente sui nostri pensieri e persino sui nostri affetti. Questo corpo, costretto in ambienti innaturali, ha desideri propri e reclama di tornare a casa, a contatto con la natura che per millenni è stata il suo habitat. Per questo è necessario concedergli con continuità uno spazio di rigenerazione da cui, come in un contagio di serenità, verranno benefici anche per la mente. Una volta rilassati i muscoli e dipanati i pensieri finalmente si raggiungerà quello stadio di apertura, di cui parleremo, che è l'unico presupposto per la conquista spirituale della serenità.

L'invito da cui parte questo libro è, quindi, prendersi lo spazio e il tempo per coltivare l'essenziale, talvolta offuscato da tutto ciò che appare irrinunciabile e invece è solo una costrizione sociale a cui cerchiamo di adeguarci.

Nel mio piccolo in queste pagine cercherò di raccontarvi il mio percorso da Venarotta all'Eremo di San Francesco, le sfide del cammino e l'incontro rigenerante con una comunità di uomini semplici che, ai miei occhi, incarnano tutti gli insegnamenti che vorrei portare con me nella vita di ogni giorno.

I tesori preziosi che ho portato a casa al mio ritorno, come fiori raccolti sulla strada, sono sei: la parola, l'attenzione, la meraviglia, l'ambiente, la povertà e la semplicità.

Questi concetti incarnano ciò di cui il nostro spirito è assetato e che non riusciamo più a ritrovare nelle nostre quotidianità frenetiche. Ogni parola è fiorita dal silenzio di questo cammino in comunione con la natura e con gli uomini.

2

QUANDO TUTTO CAMBIA

Non pretendiamo che le cose cambino
se continuiamo a fare nello stesso modo.
Albert Einstein

Il giorno prima di iniziare il cammino sono tornato a notte fonda da Roma dopo aver vissuto, al lavoro, un episodio che mi aveva profondamente amareggiato. Durante il tragitto in auto verso Ascoli Piceno sono stato persino tentato di chiamare Domenico per chiedergli di disdire il nostro appuntamento e di avvertire i frati dell'eremo che non saremmo potuti andare.

Mentre guidavo lentamente lungo la Salaria a causa di un forte acquazzone, la pioggia ticchettava sul tettuccio affollando l'abitacolo già gonfio delle mie silenziose lamentele. Avvertivo l'impulso di tornare indietro e far sentire le mie ragioni, insistendo perché le cose andassero come mi sembrava più giusto. Qualche anno fa, sicuramente, non avrei tentennato, avrei svicolato dal traffico e, alla prima uscita, avrei ripreso la strada verso Roma.

Qualcosa, però, mi frenava facendomi invece continuare ad allontanarmi dalla città. Un sussurro sottile si faceva strada nei miei pensieri plumbei come il cielo e mi suggeriva di non agire d'istinto.

Dopo parecchi chilometri percorsi nel dubbio se proseguire o tornare indietro, il profilo scuro dei Monti Sibillini sulla mia sinistra e dei monti della Laga alla mia destra, annunciava la vicinanza a casa. Mentre salivo per le strade ruvide e desolate di quei luoghi duramente colpiti dal terremoto, ho iniziato ad avvertire una profonda sete di essenzialità e di pace. Chi fa il suo dovere con passione spesso fatica ad accettare le delusioni e prende tutto di petto, ma l'esperienza passata, raccontata in *Kalipè*, mi ha insegnato che l'unico modo per vivere bene è uscire dalla propria testa, liberarsi dalla stretta dell'orgoglio, e guardare finalmente fuori. Così ho pensato che il cammino era proprio ciò di cui avevo bisogno per arginare quel torrente di negatività che mi stava travolgendo e rimettere tutto in prospettiva.

La mattina dopo, mentre mi preparavo, il malumore non mi aveva del tutto abbandonato, ma ho avuto fiducia nel caldo sole di settembre che prometteva di farci compagnia lungo il sentiero.

Anche se sapevo di dover percorrere un cammino di pochi chilometri, privo degli imponenti dislivelli che incontro di solito in alta montagna, ho scelto con cura gli scarponi e i bastoni da trekking, come quando ci si prepara a un appuntamento importante. Non avevo idea delle condizioni del sentiero che si inerpicava tra i calanchi, sapevo solo che era stato realizzato da alcuni amici e inaugurato la primavera precedente. Prima di partire li ho sentiti per avvisarli, ma non ho voluto anticipazioni, iniziavo a sentirmi addosso il piacere della scoperta.

L'appuntamento era a Venarotta, la prima delle tappe della bretella del cammino francescano. Qui il Santo passò nel 1215 insieme a due suoi confratelli: si racconta che i locali furono così affascinati dal frate scalzo che trenta giovani chiesero di seguirlo, indossando l'abito francescano. Il colle di Venarotta, dove si trova l'attuale cimitero, già in epoca romana era una località sacra a Venere e, dopo la visita di Francesco, iniziò a ospitare diversi eremiti che si organizzarono poi in un convento.

Il nostro punto di ritrovo era invece la chiesa della Madonna delle Grazie, fatta costruire nel Cinquecento dal cardinale Bandini che, attraversando questi luoghi, era caduto rovinosamente da cavallo ed era stato miracolosamente guarito da un frate di nome Serafino, in seguito canonizzato. Il cardinale aveva voluto ringraziare il suo salvatore, che abitava proprio in quei luoghi, facendo erigere la piccola chiesa esagonale, simile a un tempietto votivo.

Percorrere i passi di Francesco vuol dire anche addentrarsi in una realtà intessuta di meraviglia e miracoli, in un territorio che reca tracce di popolazioni antichissime come i Piceni e che, nel corso del Medioevo, ha visto i suoi colli popolarsi di santi ed eremiti che hanno scelto la via del bosco. È un tuffo nella natura ma anche nella Storia, un incontro con persone che lungo i secoli hanno respirato la stessa aria intrisa dell'odore di foglie e di terra e, soverchiati dalla stessa bellezza, hanno deciso di abbandonare tutto.

Avvicinandomi a Domenico che mi attendeva di fianco alla chiesa, mi sono proposto di capire cosa avesse da dire questo cammino antico agli uomini di oggi e al loro quotidiano. La mia vita, radicata nel mondo contemporaneo come quella di molti amici e colleghi, non poteva accedere alla radicalità delle scelte di Francesco o degli eremiti che avevano vissuto in quei boschi nei secoli. Piuttosto, immergendomi nei loro sentieri, volevo trovare una chiave per aprire quelle porte della mia anima che erano ancora chiuse alla bellezza dell'incontro con la natura e con gli altri. Per quanto non potessi liberarmi di tutti i miei beni, come aveva fatto Francesco, forse potevo disfarmi dei paletti che tutti ci erigiamo intorno, di quell'angusta gabbia protettiva che finisce per renderci prigionieri.

Con Domenico ci siamo scambiati un saluto semplice e veloce, entrambi protesi verso il sentiero che ci invitava con un primo tratto piano e largo.

Abbiamo da subito deciso di non guardare il percorso sul cellulare, ci saremmo affidati ai segnavia e, eventualmente, alle indicazioni di chi avremmo incontrato sul nostro cammino.

Ricorriamo sempre più alle applicazioni e ai navigatori nel tentativo di non perdere nulla, di non concedere nemmeno un minuto allo smarrimento, all'indecisione. Personalmente, ritengo che l'uomo abbia la necessità di perdersi. La nostra scelta, quindi, rendeva concreta questa possibilità. Lo sapevamo entrambi, così come sapevamo che quell'approccio ci era necessario per non precluderci l'incontro con l'inaspettato. Ovviamente non sto esortando ad andare in montagna senza precauzioni o in modo inavvertito. Avevamo studiato il percorso, entrambi eravamo preparati e avevamo fissato dei punti di riferimento. Detto ciò, ci siamo posti in ascolto, che poi è la prima attività sensoriale che in quel contesto mi si è attivata. Nello spegnere il telefono, ho avuto la netta percezione che tutta quella vegetazione – così imponente nella sua spontaneità – mi piombasse addosso, tutto sembrava immutato e probabilmente lo era nella sua essenza: quelle piante, quei fiori, gli arbusti dritti verso il cielo, o quelli spezzati a terra, tutto, ma proprio tutto aveva un senso compiuto, e in quel tutto mi sono sentito un ospite. Spogliato.

Era bastato spegnere il telefono, non avere la paura di perdermi per cambiare sostanzialmente il mio atteggiamento nei confronti del luogo che mi circondava. È stato strano, perché in alta quota questa sensazione non l'avevo mai provata. Forse perché lì, in fondo, avendo la possibilità di vedere tutto dall'alto e avendo la visuale libera, quella sensazione ci è preclusa.

Volere a tutti i costi controllare ogni cosa è un comportamento che può funzionare con gli impegni pressanti della vita lavorativa, ma negli altri ambiti della nostra esistenza vige una regola: quando non si rischia di perdere non si guadagna. Pensiamo alle realtà che danno gusto e sostanza ai nostri giorni, all'amore o all'amicizia: il rischio dell'ignoto, del tradimento è sempre parte del gioco. Lo stesso vale quando camminiamo, andando dritti, per la nostra strada tracciata virtualmente: ci perdiamo i dettagli e gli incontri, procediamo come cavalcature con i paraocchi sottomesse alla volontà del conducente. Per questo, con Domenico, abbiamo da subito concordato sul fatto che l'eventualità di perdersi sarebbe stata parte integrante del cammino.

I primi tre chilometri che abbiamo percorso coincidono con un tratto del sentiero principale che porta verso Ascoli; anche per questo forse la segnaletica si susseguiva con una cadenza serrata, tanto che ogni palo, ogni masso recava indicazioni sulla direzione da prendere, quasi fosse un'autostrada del bosco. Questo primo semplice tratto di strada, che non richiedeva un'alta soglia di attenzione, ha permesso ai pensieri negativi che mi portavo dietro dalla sera prima di rincorrermi sul sentiero, voraci di accaparrarsi uno spazio nella mia mente. Fortunatamente, però, mentre la vegetazione si infittiva all'approssimarsi del bosco, sono stato sfiorato dal volo di due farfalle dalle vivaci sfumature aranciate che si rincorrevano nell'aria in una danza circolare. Ci siamo fermati e abbiamo iniziato a osservare le loro giravolte armoniose, parte di una danza d'amore che il maschio conduce per preparare la femmina all'inseminazione. Dopo un po', infatti, le due farfalle sono approdate su un fiore di campo che ha fatto da giaciglio alla loro unione. Congiunti attraverso le estremità posteriori, i due insetti sembravano una cosa sola, una forma eccentrica e variopinta che ondulava freneticamente confondendo i suoi colori cangianti.

Ho pensato al percorso che aveva portato le farfalle sino a quell'incontro d'amore, alle minuscole uova da cui si erano sviluppate, diventando prima bruchi e poi crisalidi sino al dischiudersi delle fragili ali. Ci erano voluti mesi, forse anche anni (alcuni bruchi vivono fino a tre anni) per arrivare a quel piccolo miracolo di pochi minuti. Sapevo che, dopo la riproduzione, quelle farfalle avrebbero vissuto ancora solo qualche giorno, al massimo una settimana, e sarebbero poi tornate a far parte dell'immensa vita del bosco, disperdendosi nella terra e fertilizzando nuova vita.

Quella carezza leggera, quasi impercettibile, di un'ala sulla guancia era stata per me come un emissario di bellezza, un richiamo a godere del *qui e ora*. Mi sono trovato a pensare che quelle vite così preziose e fragili si offrivano al mio sguardo poco prima di estinguersi: forse, se fossi ripassato il giorno dopo, non ci sarebbero più state. Che diritto avevo di ignorarle, di rimanere rinchiuso nei miei pensieri come sulla ruota di un criceto, senza concedermi allo stupore?

Quando ci si apre alla natura e ai suoi tempi, così diversi dai nostri, può succedere che due insetti apparentemente insignificanti diventino i guardiani della soglia che porta a un mondo più autentico.

Da quel momento, infatti, ho camminato con più attenzione e più gusto, spogliandomi a ogni passo degli affanni, dei rimpianti e dell'ansia per il domani.

Dopo il primo tratto, il sentiero ha iniziato a coprirsi di una fitta vegetazione. L'autunno era appena iniziato e, mentre sopra di noi il fogliame estivo risplendeva ancora di una sfumatura smeraldo, il tratturo iniziava a coprirsi delle prime foglie ingiallite, di muschi e arbusti cresciuti incontrollati in seguito ad alcuni giorni di pioggia. Progressivamente, man mano che la vegetazione s'infoltiva, la fitta collana di segnavia lasciava il passo a una zona più selvaggia e incontaminata. La cortina di alberi ci avvolgeva nel suo abbraccio e nascondeva alla nostra vista le tracce del sentiero.

In alta montagna vi sono sicuramente rischi maggiori, ma la possibilità di perdersi è limitata, la bassa vegetazione di arbusti permette una visuale sgombra e la vetta segna la meta in modo chiaro e inequivocabile, senza possibilità di troppi fraintendimenti. La montagna, per quanto purtroppo la roccia e i ghiacciai oggigiorno cambino fin troppo velocemente, ci permette di frequentare elementi più stabili e duraturi, che possiamo ritrovare immutati sul nostro cammino anche tornando qualche mese dopo.

Nel bosco invece domina l'esperienza del cambiamento, da un giorno all'altro una pioggia più intensa può provocare smottamenti o far fiorire una vegetazione rigogliosa che ingloba la debole traccia del percorso nel disegno variegato della natura.

Per farci strada in questo territorio in costante trasformazione dobbiamo risvegliare i sensi dal torpore profondo a cui la nostra quotidianità atrofizzata li ha condannati. Come arti tenuti per troppo tempo piegati, le nostre cinque finestre sul mondo, appena ritrovano il contatto con la natura, prendono a sgranchirsi e a ritrovare la loro dimensione originaria.

Mentre la vista cerca impronte e tracce sulle cortecce degli alberi, l'udito esplora l'aria in cerca di versi animali o dello scrosciare di un ruscello.

In questo caso sono state le acque del torrente Chiaro, a pochi chilometri dal punto di partenza a Venarotta, a richiamare la nostra attenzione. Seguendo le indicazioni, sempre più nascoste dalla vegetazione, siamo arrivati sino alla riva di questo piccolo corso d'acqua che nasce dal Monte Ascensione e, più a valle, è punteggiato dei ruderi di alcuni mulini in funzione fino agli anni Settanta. Le acque del Chiaro, copiose e scroscianti in inverno, d'estate si assottigliano permettendone un guado agile in molti punti. Abbiamo scelto l'accesso migliore e poi abbiamo attraversato il torrente con lentezza, non tanto per la difficoltà dell'operazione, quanto per godere del sussurro limpido e accogliente di quelle acque e della vita che le popola. Abbassandomi per far scorrere tra le dita l'acqua cristallina mi sono accorto di un *gerridae*, un insetto pattinatore, che si muoveva agilmente a pelo d'acqua su uno specchio formatosi tra i sassi. Seguendo i suoi passi leggeri, mi sono venute alla mente le parole di Thich Nhat Hanh, un monaco e poeta vietnamita: "Il miracolo non è quello di camminare sulle acque, ma di camminare sulla terra verde nel momento presente [...] e d'apprezzare la bellezza e la pace che sono disponibili ora".

In quel bosco che era stato testimone dei miracoli di santi ed eremiti, per due uomini come noi, figli del loro tempo frenetico, riappropriarsi del presente era già, nel nostro piccolo, un gesto miracoloso e rivoluzionario.

Una volta guadato il fiumiciattolo, con gli scarponi ancora grondanti, ci siamo trovati di fronte a un groviglio di rovi da cui si diramavano diverse tracce. Non trovando un segnavia inequivocabile per il cammino verso Montedinove, ci siamo divisi per indagare le diverse possibilità di percorso. Io ho seguito una traccia che si faceva strada tra gli arbusti, ma che ho presto scoperto essere una via aperta da un gruppo di cinghiali: le loro fitte impronte tornavano in direzione del torrente dove probabilmente si erano fermati a bere.

Dopo vari tentativi, abbiamo finalmente ritrovato il nostro sentiero che procedeva in salita affiancando alcune case terremotate. I segni dell'abbandono erano dappertutto: muri che per secoli erano stati testimoni di vite semplici e appartate, non avevano retto alla distruzione del terribile sisma del 2016. Vecchi edifici, abbandonati già da decine di anni, affiancavano case più recenti, rese inagibili dal tragico evento.

Come conduttore, prima di "Linea Verde" poi di "Linea Bianca", ho avuto modo di assistere di persona allo stillicidio che sta uccidendo moltissimi borghi di montagna, di collina o semplicemente isolati dai grandi conglomerati urbani: il territorio muore, poco a poco, e per ogni nuova partenza una goccia della sua linfa vitale si perde.

Eppure la natura rimane prospera, abbracciando le tracce di quell'abbandono, offrendosi agli occhi dei passanti e di chi, un giorno, forse tornerà ad abitarla.

Procedendo sul sentiero mi ha colpito un muro segnato con particolare violenza dall'usura del tempo: nei mattoni a vista si aprivano solchi profondi, crepe fittamente abitate da muschi e persino da piccoli fiori. Io e Domenico ci siamo avvicinati a quello che, a prima vista, sembrava solo un muro scrostato, ma per lo sguardo assetato a cui il cammino ci stava allenando, si presentava a tutti gli effetti come una scultura animata. Guardando con più attenzione si poteva scorgere un intero ecosistema: tra i muschi si annidavano colonie di formiche e mentre qualche lucertola sostava immobile al sole, un paio di api ronzavano incessantemente intorno a un cespuglietto di piccoli fiori biancastri. A guardare quello spettacolo veniva in mente un verso di *Anthem*, canzone di Leonard Cohen: *There is a crack, a crack in everything/ That's how the light gets in,* "C'è una crepa in ogni cosa ed è da lì che entra la luce". In questo caso era la vita, indomita e inarrestabile, a farsi strada nelle ferite di un abbandono.

Quando abbiamo ripreso il cammino, che proseguiva con una salita decisa, il nostro passo era più leggero e animato, ci sentivamo non più ospiti ma parte di quel mondo che avevamo visto riprodotto in piccolo nel muro in rovina.

Con Domenico abbiamo iniziato a parlare della bellezza che fiorisce dall'attenzione, dall'apertura alle situazioni anche più apparentemente insignificanti e persino sgradevoli, ma mentre pensavamo insieme a tutto ciò che avremmo voluto raccontare in questo libro, non avevamo ancora risolto il problema sostanziale: rimanere sul sentiero per Poggio Canoso e raggiungere i frati che ci stavano aspettando per la fine del pomeriggio.

I segnavia infatti continuavano a tratti ma, in alcuni snodi sensibili, erano stati probabilmente smangiati dalle intemperie o dagli arbusti. A un certo punto, in particolare, ci siamo trovati di nuovo di fronte a un bivio senza la certezza di quale fosse la via da intraprendere. Il richiamo acuto di una poiana ci ha invitato, improvvisamente, a guardare in alto: l'uccello sorvolava maestoso gli alberi sopra le nostre teste, dirigendosi senza esitazione verso le creste dei calanchi. Per un attimo ho desiderato di poter chiedere l'aiuto di quell'altero rapace come san Francesco aveva fatto con le rondini del bosco chiamandole *sirocchie*, "sorelle", e domandando loro di interrompere per qualche istante l'allegro cinguettio per permettergli di predicare. La poiana che volava sicura sopra di noi poteva infatti vedere quello che gli alberi ci nascondevano.

Per fortuna però, sul nostro cammino, si è palesato un aiuto più accessibile: in lontananza abbiamo visto un vecchio signore procedere lentamente in direzione opposta alla nostra. Avrà avuto ottant'anni e, man mano che la sua figura ci si rivelava, mostrava i segni di un'esistenza lunga e dura, probabilmente condotta in uno dei rari borghi che punteggiano quest'area dell'Appennino. Subito abbiamo colto l'occasione e ci siamo avvicinati a passo deciso per chiedere all'uomo informazioni sul sentiero. L'uomo ci ha guardato arrivare con uno sguardo incuriosito, forse diffidente, probabilmente stupito di incontrare qualcuno. I suoi occhi, dispersi nel fondo di un reticolo di rughe, avevano visto il suo paese svuotarsi a poco a poco e le case, forse persino la sua, creparsi in seguito all'ultimo terremoto.

Dopo i rapidi convenevoli, gli abbiamo chiesto se eravamo sulla strada giusta e quale fosse la via più veloce per raggiungere i calanchi che ci avrebbero portato a Poggio Canoso.

I calanchi sono il risultato di un particolare fenomeno geomorfologico che riguarda quest'area del Piceno: in pratica, il terreno viene eroso dalle acque dando luogo a formazioni di rocce argillose particolarmente farraginose e friabili. A questa particolare caratteristica si stava riferendo il nostro anziano interlocutore che, indicandoci la strada in salita, ci ha avvertito: «Attenti però perché i calanchi sono come le persone: tradiscono sempre».

Abbiamo ringraziato l'uomo per l'indicazione, ma intanto, mentre riprendevamo a salire a ritmo sostenuto, quel monito così assoluto aveva aperto una piccola feritoia nel nostro animo. Quegli occhi rassegnati e colmi di disillusione risuonavano dentro di noi mentre nell'aria si sentiva solo il rumore delle bacchette e dei respiri, più affannosi man mano che la salita si faceva ripida.

Quel vecchio dava voce a un malessere, probabilmente ad aspettative tradite. Nel tempo, quei luoghi, l'amenità della natura benigna e allo stesso tempo ostile, le difficoltà del vivere, avevano trasformato quei borghi in tante piccole comunità dove, uniti, si affrontavano le difficoltà e, sempre uniti, si festeggiavano le ricorrenze, dalle più importanti alle più semplici, come i pranzi domenicali.

Eppure, l'andamento lento del tempo che gli era passato sotto i piedi e fra le mani, non era più coinciso con il tempo della modernità, fatto di accelerazioni continue, di stimoli incessanti, di rapporti diventati multipli con un clic. Un tempo dove essere multitasking è "figo", non può avere l'attenzione a cui lui era abituato. Quel monito era il suo personale grido di rabbia contro un tempo figlio di un mondo in cui non si riconosceva più.

In silenzio, senza guardarci o parlare, sapevamo che le parole dell'anziano signore, così contraddittorie rispetto alla dimensione di apertura che eravamo venuti a cercare, avevano aperto una breccia di riflessione per entrambi.

Finalmente, mentre il bosco lasciava posto alla cresta argillosa e frastagliata di un calanco, abbiamo iniziato a intravedere il cielo nella sua vastità e il profilo ondulato del monte dell'Ascensione che, con i suoi 1100 metri, domina tutto l'ascolano, isolato tra le colline come un imperatore tra la sua schiera di guardie.

Con gusto quasi infantile ci siamo fermati in quella posizione privilegiata a osservare la somiglianza tra il profilo dell'altura e quello di un uomo. La tradizione ascolana rivede, infatti, nelle curve della roccia il profilo irregolare di Cecco d'Ascoli, eretico condannato al rogo e acerrimo nemico di Dante Alighieri.

Con il suo aspetto oscuro e misterioso, il monte dell'Ascensione, che non a caso molti secoli fa si chiamava Monte Nero, è al centro di un'infinita serie di leggende ma anche di antichi riti cristiani. Durante il periodo medievale, il predicatore laico Meco del Sacco fece costruire sulla sua cima un oratorio dedicato all'Ascensione di Gesù e all'Assunzione in cielo di Maria. Da quel momento il monte acquisì il nome attuale e si popolò di santuari e luoghi di preghiera, diventando per tutti gli abitanti dell'ascolano una sorta di cerniera tra terra e cielo. Alcuni anziani possono ancora ricordare lunghi pellegrinaggi notturni in primavera, che iniziavano la sera prima del giorno dell'Ascensione e vedevano coinvolte tutte le comunità dei borghi che fanno da corona all'altura. Camminavano i padri, insieme alle mogli e persino ai bambini, portando poveri doni al santuario in cima al monte. Un intero popolo in cammino che illuminava l'oscurità notturna del bosco con le torce.

Prima di riprendere la strada che, da quel momento, avrebbe percorso le sottili venature dei calanchi, mi sono fermato a condividere i miei pensieri con Domenico. Insieme abbiamo immaginato un'epoca non lontana in cui la frequentazione tra l'uomo e il suo ambiente aveva un linguaggio e dei rituali, in cui un colle o un ruscello potevano diventare qualcosa di sacro con cui mettersi in dialogo, non tanto secondo i canoni di una religiosità pagana, ma perché fratelli in un'alleanza profondissima a cui non ci si poteva sottrarre.

Ho cercato di immaginare l'anziano signore che avevamo appena incontrato mentre, bambino, risaliva il monte dell'Ascensione, magari stringendo la mano di genitori, fratelli, compaesani. Ho pensato a tutti i volti che aveva visto sparire, a tutti i riti che si erano sbiaditi nel corso della sua vita, fino a rimanere da solo quassù, in una casa che trema nel cuore di un paese deserto.

«Ora posso capire meglio le sue parole di diffidenza», ho confessato a Domenico, «pensa a tutto quello che deve aver perso, pensa alla sua solitudine: non deve venirgli facile fidarsi ancora».

Ricordando le case terremotate che avevamo visto e gli occhi feriti dell'uomo mi è venuta in mente la voce struggente di Nina Simone che, in *Everything Must Change*, canta come tutto cambi inevitabilmente e come ci siano così poche cose che rimangono stabili a cui potersi affidare. Forse eravamo lì per quello? Per trovare un nucleo più profondo che poteva resistere al cambiamento e illuminarlo?

Ho visto negli occhi del mio amico che stava pensando la stessa cosa, poi, con voce calma, sempre guardando verso quel profilo di roccia, Domenico mi ha detto: «Non dovremmo resistere al cambiamento, Massi, e nemmeno accettarlo passivamente, forse cosa ancora peggiore, ma dovremmo interpretare il cambiamento che stiamo vivendo. Fissare dentro di noi i termini e i valori in base ai quali accettarlo, farlo proprio, oppure respingerlo, perché lontano dalla nostra essenza più vera. Oggi credo che non sia del tutto giusto convincersi del fatto che per sopravvivere bisogna adattarsi».

L'ho ascoltato attentamente e, dopo qualche minuto di silenzio, dilatato dal vento che iniziava ad alzarsi leggero, ho condiviso con lui le mie domande.

«Vorrei poter rispondere in qualche modo a quell'uomo. Dirgli che non è vero che le persone tradiscono sempre. Cosa possiamo fare per combattere questo senso di abbandono? Come si risponde all'istinto di chiudersi perché tutto ci ha deluso?».

Domenico è rimasto un attimo in silenzio, mentre il suo sguardo abbracciava le creste dei calanchi e le piccole macchie di case disseminate nella valle.

«Credo che non sia una domanda da chiudere subito, Massi, l'unica è caricarcela sulle spalle e portarcela lungo il cammino».

Così, mentre il sole di mezzogiorno ci inondava di luce, abbiamo bevuto brevi sorsi dalla borraccia e abbiamo ripreso a camminare con attenzione, sulla cresta sottile e friabile del calanco.

3

La parola che fiorisce dal silenzio

In un atteggiamento di silenzio l'anima trova il percorso in una luce più chiara, e ciò che è sfuggente e ingannevole si risolve in un cristallo di chiarezza.
Gandhi

La solitudine e la diffidenza dell'anziano signore incontrato sul cammino mi hanno fatto pensare alle tante persone, uomini, donne, famiglie intere che, coraggiosi e ostinati, rimangono a vivere, spesso nonostante le difficoltà, nei borghi inerpicati che ho visitato per piacere o per lavoro. Ma il sospetto nei confronti dell'altro e della vita in generale è qualcosa che ci portiamo dentro tutti, sempre di più, nei Paesi o nelle metropoli in cui viviamo.

Negli ultimi decenni la Storia ha preso a galoppare a un ritmo folle, modificando l'uomo nel profondo.

La nostra specie ha vissuto per migliaia di anni nei boschi, in simbiosi con la natura, per poi andar via e rifugiarsi nelle città, dove la piazza è diventata il luogo d'incontro e scambio di merci ed esperienze tra persone. Nei secoli, poi, anche la piazza ha perso la sua centralità e gli uomini si sono progressivamente chiusi tra le mura delle loro case che, alzandosi verso il cielo, sono diventate la somma di microcosmi famigliari sempre più isolati. Negli ultimi anni, infine, per molte persone, persino la casa, come luogo di vita della famiglia con i suoi inevitabili alti e bassi, è diventata troppo grande e minacciosa, sostituibile con una stanza fornita di tutto tramite una connessione Internet.

Siamo passati dal bosco alla piazza, dalla casa allo schermo, in un continuo restringersi del campo d'azione quotidiano che corrisponde però a un allargarsi infinito dei nostri contatti virtuali e delle informazioni che ci raggiungono da ogni parte del globo.

È una situazione paradossale, piena di luci e ombre, che dobbiamo imparare a interpretare e abitare senza perdere niente della nostra umanità.

Il rischio che corriamo, altrimenti, è quello di avvicinarci a una figura radicale emblematica del mondo contemporaneo, l'*hikikomori*. Questo termine giapponese, che significa letteralmente "ritirarsi, stare in disparte", designa alcuni giovani e non più giovani (in Giappone sarebbero addirittura 2 milioni, tra cui anche molti over

40) che decidono, per paura del mondo, di chiudersi nella loro stanza e vivere un'esistenza interamente virtuale, limitando i loro contatti a scambi telematici.

Questo fenomeno preoccupante ha iniziato a farsi strada anche in Italia, dove, secondo le ultime stime, gli *hikikomori* sarebbero circa centomila, per lo più giovani tra i 14 e i 25 anni. Molti di loro, per evitare qualsiasi contatto, dormono di giorno e di notte vivono in un mondo parallelo tra videogiochi e relazioni virtuali: è il loro avatar a interagire per loro, evitandogli così di affrontare la paura della frustrazione a cui, inevitabilmente, l'incontro con l'altro ci sottopone. E lentamente, il reale si confonde col virtuale, fin quasi a scomparire del tutto.

Senza arrivare a questi estremi, tutti noi possiamo rintracciare nelle nostre giornate piccole zone d'ombra, momenti in cui, per evitare di entrare in relazione con il mondo circostante, ci affidiamo a dispositivi elettronici con la scusa della comodità.

Nel capitolo precedente parlavo della nostra crescente incapacità a orientarci senza il ricorso costante ad applicazioni che fungono ormai da intermediari tra noi e il mondo. Diverse volte, nel corso del nostro cammino, abbiamo chiesto indicazioni ai passanti dei borghi che attraversavamo e, quasi sempre, la risposta è stata un'alzata di spalle. A furia di ricorrere al filtro del virtuale, non solo i nostri sensi si sono atrofizzati, ma anche i confini del mondo sono sbiaditi, diventando sempre più fumosi, tanto che a malapena sappiamo quali strade intersecano la nostra via di casa. Abbiamo disimparato a guardare, a misurare le distanze, a ricordare i punti di riferimento, ma soprattutto a chiedere informazioni e avviare uno scambio di battute semplici, come se tutti parlassimo una lingua straniera, incomprensibile a chi ci circonda.

Le occasioni più banali di relazione sono via via sostituite da scambi sempre più meccanici: il corriere ci porta a casa la spesa, azzerando quei piccoli e confortanti scambi quotidiani che dalla qualità del prosciutto passano con naturalezza allo sport o alla vita famigliare; ordinando tutto online non riceviamo più consigli sui libri da leggere o su quale pantalone si adatti o meno alla nostra figura. Nei casi più estremi il *rider* ci porta la colazione a casa e, mentre seguiamo il suo percorso sulla mappa come se fosse un robot, lo sostituiamo alla figura del barista, confidente e cuore pulsante di tanti paesi grandi e piccoli.

Senza demonizzare tutto questo, che all'occorrenza può risultare anche utile, dobbiamo ammettere che il rischio che comporta va ben oltre la pur drammatica chiusura dei negozi o dei piccoli librai, e intacca profondamente il nostro stesso statuto di essere umani, animali sociali per eccellenza.

Perdendo la capacità di relazionarci, perdiamo anche la consuetudine a parlare e ad ascoltarci, a raccontarci e a capire le ragioni degli altri: in pratica, perdiamo le parole.

È capitato a tutti di rivedere programmi e notiziari di decenni fa in Tv sul web, o di leggere vecchi articoli e di sorprendersi di quanto il linguaggio usato fosse forbito e intessuto di termini che sono andati via via scomparendo.

Gli studi linguistici confermano quest'impressione: se grazie all'impegno comune della scuola, delle istituzioni e persino della televisione si è raggiunta finalmente un'alfabetizzazione diffusa e una padronanza comune dell'italiano-standard, il lessico è però andato via via impoverendosi e diventando sempre più generico, perdendo la poeticità e la ricchezza di sfumature. Una ricerca linguistica condotta tra gli studenti ginnasiali attesterebbe come dal 1976 al 1996 si siano perse più di 800 parole, passando da un totale di vocaboli in uso di 1600 a circa 700. Una vera ecatombe.

Il fenomeno avrebbe continuato ad aggravarsi all'inizio del nostro secolo, tanto che semiologi e psicoterapeuti, congiuntamente, hanno lanciato un allarme: i giovani non conoscono più le parole con cui raccontarsi, non sanno come esprimere le loro emozioni. Questo silenzio obbligato, radicalmente opposto al silenzio pieno di senso scelto sapientemente dall'escursionista o dal pellegrino, genera patologie psichiche come depressione, ansia, panico e disturbi alimentari. Il dolore che rimane dentro senza trovare, nella parola, una via d'uscita verso genitori, docenti, amici, è come una goccia che, giorno dopo giorno, logora la psiche e l'affettività.

Tutti, ora più che mai, dobbiamo riscoprire, quindi, il valore della parola o, meglio ancora, le parole che generano valore. È una sfida. Lo sviluppo dell'uomo si è incentrato intorno alla parola, quasi a voler affermare che la parola esiste prima dell'uomo e che l'uomo stesso si è forgiato intorno alle parole che è stato in grado di generare.

La parola in tal senso edifica, costruisce, sedimenta. Noi siamo, a mio avviso, le parole che siamo in grado di sostenere. Perdere il valore della parola rappresenta un pericolo enorme, perché essa porta con sé la capacità di ragionare, analizzare, contraddire, conoscere e conoscersi.

Perdere terreno in tal senso vorrebbe dire aprire un baratro verso il basso, nella direzione di una mancanza di senso che diventerà la porta di accesso di tutto ciò che non siamo in grado di determinare. Sono le parole a renderci forti o deboli, a proteggerci e renderci più consapevoli.

Un discorso forbito è elegante, musicale, in esso le parole si rincorrono, si rafforzano l'una con l'altra, si cedono il passo, si sostanziano, diventano dolci o ruvide, ci predispongono alla bellezza. Le parole sono quindi, in sostanza, un antidoto contro la mediocrità, la superficialità e la disattenzione. Ecco perché credo fortemente che dobbiamo batterci tutti per non far perdere valore alle parole.

Ma cosa possiamo fare per difendere noi stessi e i nostri ragazzi da questi rischi subdoli che hanno un ruolo anche in fenomeni drammatici come il bullismo o la tossicodipendenza?

Nella mia piccola esperienza, la risposta che ho trovato all'impoverimento delle relazioni e delle parole è mettermi in cammino. Per questo, sin da quando erano piccolissimi, ho proposto ai miei tre figli escursioni alla loro portata, conducendoli per mano dentro alla natura finché non sono stati capaci di esplorarla e di apprezzarla da soli.

Evidentemente è così per molti altri se, sempre più spesso, il cammino, nella forma del trekking o del pellegrinaggio, viene proposto persino in risposta a situazioni come la disabilità o il disagio psichico e sociale.

Lo psichiatra Paolo Di Benedetto ha teorizzato una vera e propria "montagnaterapia" che ormai coinvolge un centinaio di realtà in tutta Italia e vede piccoli gruppi di pazienti psichiatrici coinvolti in classiche attività d'alta montagna come l'escursionismo, l'alpinismo, lo sci e altri sport montani.

Una ricerca condotta dall'Università di Saragozza estende i benefici del cammino anche a chi non presenta problemi specifici e, concentrandosi in particolare su chi intraprende il pellegrinaggio a Santiago di Compostela, individua le tre chiavi che ne determinano l'impatto positivo sulla psiche e sull'umore: la solitudine, la solidarietà e la fatica. Queste componenti renderebbero il pellegrinaggio un'esperienza trasformativa, con un incremento del benessere psicofisico che può durare a lungo, persino nei mesi e negli anni successivi al percorso. Perché il benessere conquistato nel silenzio diventa un'eredità da custodire e tramandare a chi incontriamo.

Solitudine e solidarietà: questo binomio sembrerebbe un paradosso, eppure chi ama camminare nella natura lo conosce perfettamente. Durante il cammino il silenzio non è un muro o un'arma, come purtroppo succede a volte nei rapporti quotidiani, ma diventa veicolo per una parola più autentica verso se stessi e verso gli altri.

Nel silenzio diventiamo consapevoli di cosa abbiamo davvero bisogno e impariamo a chiederlo, con semplicità. Ci riappropriamo dell'importanza della relazione perché, privati di tutte le nostre difese e degli strumenti con cui di solito ci illudiamo di decifrare il mondo, ci scopriamo profondamente dipendenti, bisognosi di ascolto e di cura.

Solitudine e solidarietà sono facce della stessa medaglia, rendono ogni cammino un percorso educativo e, all'occorrenza, ri-educativo. Lo sa bene chi per la prima volta, in Belgio, ha pensato di usare il cammino di Santiago nella rieducazione dei giovani detenuti. Il progetto, su cui è stato girato nel 2009 il film *La retta via*, è stato ben presto introdotto in Francia, Germania e, due anni fa, anche nel nostro Paese.

L'idea è semplice, come tutte le cose vincenti: un adolescente condannato per un crimine, anziché scontare la pena in un carcere minorile, può scegliere di intraprendere un lungo cammino accompagnato da un educatore. Si è partiti dal cammino di Santiago per estendere l'iniziativa anche a percorsi più lontani, in altri Paesi d'Europa e del mondo.

La figura dell'educatore che affianca il ragazzo, in perenne contatto con un'équipe di psicologi, è scelta ogni volta con cura tra volontari che possiedano determinate caratteristiche psicologiche ma, soprattutto, umane. Bernard Ollivier, ad esempio, è un anziano signore francese che ha avviato questo progetto in Francia dopo aver quasi sfiorato il suicidio a causa di una grave depressione, guarita proprio attraverso il pellegrinaggio a Santiago.

Quello che il progetto vuole incoraggiare è il recupero della capacità degli adolescenti di incontrare gli altri e mettersi in relazione, attraverso la quotidianità, la fatica e il silenzio condivisi con un adulto, spesso un anziano, che abbia imparato a conoscersi grazie al cammino e possa insegnarlo al suo compagno di viaggio.

In Italia, per la prima volta nel 2017, otto adolescenti di una comunità di Ospitaletto tra i 17 e i 19 anni, colpevoli di gravi reati, hanno percorso 200 chilometri da Ponferrada a Santiago di Compostela insieme ai loro educatori.

È ancora presto per tracciare delle statistiche a livello europeo ma, al momento, pare che, a differenza di chi ha scontato la pena carceraria, per i minori che hanno scelto di intraprendere questo percorso la recidiva si sia verificata in meno di un terzo dei casi. Laddove il carcere è spesso solo un metodo di contenzione, il cammino cura ed educa. Il silenzio e la solidarietà fioriti lungo il percorso si sono rivelati la terapia più efficace contro l'impoverimento delle relazioni e il disagio sociale dei ragazzi.

Ma la fatica? Perché un elemento così negativo dovrebbe recare benefici, oltreché fisici, anche psicologici e morali?

Come nel silenzio ci riappropriamo delle nostre parole, nella fatica torniamo a frequentare il nostro corpo, a conoscerlo davvero, nella sua forza e nei suoi limiti, a familiarizzare coi nostri bisogni più primordiali, nascosti sotto strati di desideri superficiali, indotti dalla società. E una volta che abbiamo superato i limiti che ci eravamo autoimposti e abbiamo accettato quelli che invece fanno parte del nostro essere, ci sentiamo capaci di grandi cose. Soprattutto nei lunghi pellegrinaggi, l'arrivo alla meta riempie l'animo di quella trionfale fierezza che l'alpinista conosce sin troppo bene, una sensazione fisica inebriante. Si tratta della gioia che ci inonda nel percepire che siamo grandi e piccoli al contempo, grandi perché ce l'abbiamo fatta, abbiamo superato le nostre barriere, e piccoli perché la natura o il trascendente che siamo venuti a visitare è immensamente più grande di noi.

Per questo diverse associazioni italiane hanno pensato di proporre il pellegrinaggio La Verna-Assisi a giovani affetti da disabilità fisiche e psichiche che, adeguatamente supportati, hanno percorso un tratto di cammino, e a volte l'intero sentiero, nel loro modo del tutto singolare, ognuno con le forze e le capacità che lo rendono unico. Alla fine del sentiero, ciascuno di questi ragazzi ha scoperto qualcosa in più sul suo corpo, ha superato una o più di quelle che credeva barriere infrangibili, assaporando la soddisfazione di aver portato a termine qualcosa di grande.

Queste iniziative, piccole gocce di luce in un'epoca di corrosione dei legami, partono tutte dalla potenza terapeutica dell'incontro con la natura.

Sembra assurdo che proprio i boschi e i ruscelli, custodi di un linguaggio antico e senza parole, ci debbano insegnare a parlare tra di noi, a scoprirci non stranieri ma fratelli.

C'è una magnifica poesia di Rilke che ritrova il senso dell'esistenza umana nel dare alle cose il loro nome, nel "dirle come mai hanno intimamente creduto di essere". Pensiamo all'emozione racchiusa nel sentire il nostro nome pronunciato dalla persona che amiamo o nel chiamare, per la prima volta, il nostro bambino appena nato: è come affermarlo nello stupore della sua presenza, è come meravigliarci che esista davvero.

Non a caso, nel descrivere quest'esperienza potente, Rilke ricorre all'immagine di un uomo in cammino in alta montagna: "Anche il viandante dal pendio della cresta del monte, non porta a valle una manciata di terra, da tutti indicibile, ma porta una parola conquistata, pura, la genziana gialla e blu".

In mezzo ai termini vacui che affollano i nostri giorni dobbiamo riconquistare la purezza della parola, questo piccolo tesoro che ci rende umani. Ma, per farlo, dobbiamo tornare alla natura, è lei, con i suoi colori e i suoi profumi, a far sgorgare dalla nostra bocca le parole, quasi fosse un modo per risponderle, un inno per lodarla.

Nel silenzio del bosco, lontano dagli astratti termini dell'informatica e del business, dai titoli stereotipati dei giornali, balbettiamo come bambini e impariamo di nuovo a parlare, ad andare dritti al cuore delle cose.

La parola, infatti, questa “genziana gialla e blu”, ha bisogno di due nutrimenti necessari, e sempre più rari, per fiorire: l’ascolto e l’attenzione.

Un proverbio cinese afferma che se Dio ci ha creato con due orecchie e una sola bocca è perché ci è chiesto di ascoltare il doppio di quanto parliamo. Ed effettivamente gli studiosi del linguaggio hanno appurato che i neonati apprendono a parlare grazie agli stimoli dei genitori, semplicemente ascoltando. La parola, insomma, non è innata ma fiorisce dall’incontro con un altro.

Tuttavia, crescendo, si tende a perdere l’abitudine all’ascolto: tutto ci sembra già sentito e conosciuto, l’interesse per i racconti degli altri ci abbandona e preferiamo invece parlare di noi, dei nostri successi, delle nostre preoccupazioni.

In questo modo le nostre parole diventano sempre più egoriferite o, meglio, riferite a un’immagine fasulla che abbiamo di noi stessi, perché, anche se sembra incredibile, non ci conosciamo affatto. Persino per capire noi stessi, per cogliere i nostri desideri e le nostre paure, abbiamo infatti bisogno di ascoltarci, di darci uno spazio di silenzio. Per questo quanto più cresce il rumore intorno, come nelle grandi metropoli, tanto più spesso siamo portati a rivolgerci a spazi di terapia della parola come la psicoanalisi.

Senza ascolto non c'è parola e senza parola non si può conoscere.

In tutte le tradizioni mistiche e religiose la voce di Dio, che si tratti di un dio esteriore o interiore, viene sempre nel silenzio. Quando, nella Bibbia, Dio parla al profeta Elia, l'ebreo, per descrivere la sua voce, usa il termine *demama* che letteralmente significa "la voce di un silenzio leggero".

Nessuna grande Storia può cominciare senza dare ascolto al silenzio.

Mentre ricalcavo le orme di san Francesco, mi sono più volte fermato a pensare a come doveva essere iniziato il suo cammino, a cosa lo aveva messo in moto.

Pensiamo a un giovane sui 23 anni in viaggio verso Oriente per raggiungere il più grande onore riservato a un uomo del suo tempo: diventare cavaliere e partire per una crociata.

A questo ragazzo non manca nulla, suo padre è un ricco mercante che gli ha permesso una giovinezza di agi in cui ha conosciuto l'ebbrezza e gli eccessi. E, ora, finalmente, sta realizzando ciò che aveva sognato sin da bambino, quando fantasticava giocando con le statuette dei cavalieri intagliate nel legno.

Emozionato ma stanco, dopo un giorno di viaggio da Assisi, Francesco giunge al tramonto alla piccola chiesa di San Sabino, nei pressi di Spoleto. Le luci della città sono lontane, intorno ci sono solo alberi e silenzio. Il giovane decide di passare la notte in quell'edificio isolato e si assopisce con addosso la tensione e l'aspettativa per quello che lo attende.

Il suo sonno è disturbato da sogni vividi e vorticosi: prima vede un castello enorme e sontuoso con grandi sale ricolme di ogni genere di armi. Una voce potente eppure sottile, come un soffio, lo avverte che tutto ciò che vede diventerà suo molto presto.

Francesco si agita e si rigira sul giaciglio di fortuna che ha allestito tra le panche. Ma la voce non lo abbandona, lo segue nei recessi della sua mente, incalzandolo con una domanda: "È più utile servire il servo o il padrone?". Ora Francesco sa di essere al cospetto di Dio e non può sottrarsi alla risposta: "Il padrone" sussurra con le labbra addormentate.

"Allora perché hai abbandonato il padrone per seguire il servo?".

La domanda continua a risuonare nella spoglia chiesetta anche dopo che Francesco ha aperto gli occhi e si è messo a sedere, tremando.

Non sa cosa pensare di quello che ha appena visto e sentito. Si guarda intorno e vede che, dalla piccola finestra della chiesa, stanno filtrando i primi raggi dell'alba, mentre il canto degli uccelli del bosco annuncia un nuovo giorno. Se vuole raggiungere Lecce, da dove partirà la crociata, e avverare il suo sogno, deve affrettarsi a riprendere il cammino verso sud.

Francesco vuole sapere cosa vuole quella voce da lui, ma sa pure che non potrà sentire quel soffio di silenzio tra il clamore delle armi e delle armature scintillanti dei cavalieri. Ha bisogno di un tempo e uno spazio per mettersi in ascolto.

Si prepara con cura, senza fretta, ripone le sue cose nelle bisacce e rimonta a cavallo, diretto ad Assisi. Per un attimo lo sfiora l'immagine della smorfia che faranno suo padre e i suoi compaesani nel vederlo tornare, dopo solo un giorno, sconfitto. Ma è solo un attimo, vince su tutto il desiderio di risentire quella voce.

Cosa avrei fatto al suo posto? Forse la mattina dopo, di fronte allo specchio, mi sarei detto che era solo un sogno e mi sarei messo in auto verso Roma, per una nuova giornata di lavoro. O, forse, anch'io avrei preso la via del bosco dietro casa, avrei cercato quel silenzio da cui tutto fiorisce.

In fondo, durante il cammino, madidi di sudore e avvolti dai profumi del bosco, tutti ci siamo accorti, anche solo una volta, che stavamo servendo il servo e non il padrone nelle nostre vite. Il silenzio squarcia il velo e ci mostra la nostra superficialità, ci presenta il conto della quantità spropositata di energia e di sforzi spesi a rincorrere ciò che è futile per dimostrare agli altri chi siamo. Ma chi siamo veramente? Cosa ci tiene in piedi e dà colore ai nostri giorni?

Quella del bosco non sarà la voce di Dio ma comunque ci consegna un monito, un sussurro, qualcosa che dovrebbe indurci ad ascoltare e fare attenzione.

Perché la voce del nostro io profondo è sottile, come lo è quella dei nostri figli quando manifestano il loro disagio in borbottii e mezze parole sussurrate.

Pensiamo ai rapporti d'amore: tante volte le parole che portano gioia nella nostra vita non sono urlate o scritte in maiuscolo, ma pronunciate piano, con timidezza. Se ci distraiamo, se corriamo dietro al chiasso del mondo, le parole che possono aprirci la nostra anima e quella di chi amiamo rischiano di scivolare via, inascoltate.

Per questo, l'allenamento a cui il bosco ci sottopone è essenziale: non si tratta solo di muscoli e ossigeno, ma di ascolto, attenzione e parola, tutti elementi senza i quali siamo condannati a una vita da carcerati, chiusi tra le pareti del nostro io.

Se l'ascolto è tradizionalmente legato a una dimensione uditiva, l'attenzione, partendo dalla vista, coinvolge tutti i sensi, chiamandoli a rivolgersi al presente. È il nostro canale di comunicazione col

Creato, senza il quale un tramonto che colora la neve o l'ala di una farfalla non avrebbero niente da dirci. L'attenzione è, in fondo, anche l'unica speranza per la nostra sopravvivenza su questa Terra affaticata che si contorce sotto i colpi che le nostre azioni distratte le inferiscono.

Di questo secondo aspetto, che in fondo non è altro che un ascolto rivolto al Creato, parleremo nel quinto capitolo, facendoci guidare dal più grande poema dell'attenzione, il *Cantico delle creature* di san Francesco.

Per ora, nel nostro zaino di pellegrini, tratteniamo due fiori che il bosco ci ha messo sul cammino, la parola e l'ascolto, chiavi per entrare in relazione con gli altri e scardinare l'individualismo che toglie respiro alla nostra vita.

4

Custodi del Creato

Agisci come se quel che fai, facesse la differenza. La fa.
James William

Con il bosco ormai alle spalle e il familiare massiccio dell'Ascensione alla nostra destra, camminavamo sulla cresta sottile del calanco. Il sentiero che stavamo percorrendo richiedeva l'attenzione e la tensione costante di tutti i nostri muscoli. Ogni tanto pezzi interi di terra, sotto il nostro peso, si staccavano dalla collina e rotolavano verso il pendio, per arrestare la propria corsa fra arbusti e rovi. Eravamo in cammino da tre ore e, nella luce diffusa del mezzogiorno settembrino, ci siamo presto trovati affaticati e zuppi di sudore, con lo stimolo della fame che iniziava a farsi sentire. Così, quando ho visto un valico da cui era possibile dominare tutta la valle, ho pensato fosse il luogo ideale per fermarci, rifocillarci e parlare del libro. Si trattava di una piccola vena di terra lunga circa venti metri e larga sessanta centimetri, che collegava fra loro due collinette. Intorno, tutto sembrava apparecchiato per noi: la brezza leggera, scendendo dal monte dell'Ascensione, alleviava la calura, e sembrava perfetta per asciugare le magliette che nel frattempo avevamo tolto e appeso sopra i bastoni da trekking.

Con la carezza del sole sulla pelle, ho preso il panino che avevo messo nello zaino all'inizio del sentiero.

Mentre sedevo a gambe incrociate sulla terra argillosa del calanco, bevendo ampi sorsi dalla borraccia, mi ha pervaso un forte senso di appagamento, la consapevolezza profonda che non mancavo di nulla. Ho percorso con lo sguardo le venature di terra che segnavano i calanchi come fossero un grande corpo addormentato, eppure pulsante di vita.

Per un attimo ho ricordato la questione lasciata in sospeso al lavoro il giorno prima. Avrei ancora potuto riaccendere il telefono e farmi sentire, condividere le mie legittime lamentele. Ma in quel momento non riuscivo più nemmeno a ricordare perché avrei dovuto farlo, cosa avevo da recriminare.

«Parliamo costantemente di cosa ci serve, di cosa ci manca… e mai di cosa potremmo fare con quello che abbiamo, come custodirlo e farlo fiorire. Non ti sembra che, invece, tutto questo ci si stia offrendo qui, ora? Mentre il vento ci asciuga la maglietta, mangiando e bevendo, sentiamo le forze tornare e inondare i nostri muscoli. Siamo come dei re cullati da un'intera corte. Più di ciò di cui ho bisogno mi verrebbe da chiedermi cosa posso fare, come posso ringraziare».

Domenico ha annuito: «Succede così quando si smette di guardare a ciò che ci manca o a quello che, astrattamente, potremmo raggiungere. Ci accorgiamo finalmente di ciò che abbiamo sottomano sempre, senza sforzo, semplicemente perché c'è, mentre spesso nemmeno lo vediamo. È vero, Massi, dovremmo fare qualcosa. Intanto, meravigliarci mi sembra un buon inizio, ogni azione parte da lì...».

Chesterton diceva che il mondo, questo giardino ricolmo di ogni bellezza in cui siamo stati gettati, "non morirà mai di fame per la mancanza di meraviglie ma per la mancanza di meraviglia". La realtà di per sé è inesauribile, è la nostra risposta che invece può arenarsi nell'indifferenza e nel cinismo come una barca senza rematori.

Rimettendomi la maglietta, completamente asciutta, prima di riprendere il cammino, ho formulato una richiesta silenziosa a ciò che mi circondava, ho chiesto alla cresta del monte e al bosco di suggerirmi come potevo ricambiare tutti quei doni.

Dopo aver continuato, per breve tempo, a percorrere le venature pericolanti dei calanchi, alla fine di una ripida discesa ci siamo rituffati nel bosco. La sensazione, dopo il pieno di sole e di cielo limpido che avevamo fatto, è stata quella di tornare nell'atmosfera umida e accogliente del grembo materno.

Nuovamente, però, ci siamo accorti che la vegetazione aveva fatto strage dei segnavia e che, sebbene fossimo ormai a poca distanza dall'eremo, rischiavamo di perderci nel vasto bosco che lo circondava. Fortunatamente, i miei occhi, ormai allenati da chilometri di cammino, riuscivano a intravedere tracce delle indicazioni sotto gli arbusti ma, in ogni caso, si procedeva a tentoni, come in certe fasi oscure della vita in cui qualsiasi decisione costa ripensamenti e fatica.

Dalla cresta del monte avevo però portato con me la meraviglia che, come un compagno di viaggio, mi spronava a non demordere e mi invitava all'azione. Il bosco mi aveva dato il suo primo suggerimento e sembrava dirmi: "Se vuoi ringraziarmi porta sui miei sentieri altri pellegrini come te, fai strada ad altri occhi assetati di stupore".

Di fronte all'ennesimo segnavia nascosto ho iniziato a cercare nello zaino, voltandomi verso Domenico: «Peccato che non abbiamo portato l'attrezzatura». Mi ero pentito di non avere con me un machete o altri attrezzi per tracciare il sentiero. Così, ho estratto un semplice coltellino multiuso: con uno strumento così piccolo segnare il percorso avrebbe richiesto tempo e fatica, ma volevo comunque provarci.

Mentre mi facevo piccolo, spostando il mio sguardo rasoterra per portare a termine il compito che mi ero dato, ho iniziato a notare qualche rifiuto di plastica che spuntava da un tappeto di foglie e, poco più in là, da un cespuglio di more.

Per questo sono sempre attrezzato e così ho estratto dallo zaino un enorme sacco per raccogliere tutta la plastica che vedevo, issandomelo sulla spalla quasi fosse la bisaccia del pellegrino.

Evidentemente era passato di lì qualcuno che non aveva saputo meravigliarsi e rispondere al canto d'amore della natura, tanto che, dopo un paio di chilometri, la mia bisaccia si era gonfiata di plastica e quasi pareva un triste vessillo, alto sopra la mia testa.

Abbiamo continuato a camminare lentamente, con l'attenzione dell'amanuense sulla pagina, tracciando il percorso passo passo. Nel frattempo, con occhio allenato guardavamo intorno per intercettare nel sottobosco l'anomalo luccichio della plastica destinata, altrimenti, a infestare per secoli quel regno di pace.

Prendendomi cura del bosco come lui si era preso cura della mia anima, spogliandola strato dopo strato delle barriere per guarirne le ferite, mi sono sentito dentro a un immenso dialogo: se prima mi ero limitato ad ascoltare, facendo silenzio, ora potevo rispondere, a modo mio, col poco che avevo da dare.

Come bizzarri cavalieri, col nostro triste vessillo di plastica, ci siamo trovati alle porte di un piccolo borgo arroccato su un poggio roccioso che aveva l'aria di essere antico e abbandonato.

Si trattava di Poggio Canoso, una frazione di Rotella, in cui vivono 28 abitanti. Le persone del luogo la chiamano anche Borgo Antico perché pare risalga addirittura al VI secolo, quando alcuni ascolani vi si rifugiarono per difendersi dalle invasioni longobarde.

Siamo passati sotto un arco che recava lo stemma di un castello con due porte e siamo saliti per un'antica strada in ciottolato. Il rumore delle nostre bacchette da trekking rimbombava nella via principale su cui si affacciavano case con le finestre sbarrate.

Forse i 28 residenti erano altrove, ad ogni modo il borgo pareva in tutto e per tutto disabitato. Abbiamo continuato la nostra sfilata solitaria lungo le strette stradine di ciottolato mentre le antiche mura di mattoni a vista ci parlavano di vite passate.

Abbiamo costeggiato una piccola chiesa, Santa Lucia che, costruita nel 1300, era impreziosita dagli affreschi di Pietro Alemanno, costuditi poi nel museo diocesano in seguito ai gravi danni subiti nel terremoto del 1943.

In quel silenzio fuori dal tempo non era difficile immaginare Francesco e i suoi due fratelli mentre attraversavano il borgo, allora controllato da una famiglia feudale, per raggiungere il convento benedettino poco distante e lì riposare i piedi piagati dal cammino. Sui ciottoli levigati dal tempo quasi si poteva scorgere l'impronta dei loro poveri sandali impolverati dall'argilla dei calanchi.

Solo più tardi avremmo scoperto che proprio i frati, eredi di Francesco, che oggi dimorano in quell'antico convento, una volta l'anno riportano la vita in questo borgo arroccato che d'inverno affonda nella neve, organizzando un presepe vivente che richiama migliaia di persone.

Per tre giorni dopo Natale, va in scena la Natività di Cristo ricostruita con paziente meticolosità e fantasia dai frati e dagli abitanti del luogo che sentono ormai l'evento come espressione del loro territorio.

Nella rivisitazione di Betlemme non si incontrano solo i personaggi classici dell'iconografia, ma anche i custodi di antichi mestieri dell'ascolano, locande e punti di ristoro in cui assaggiare prodotti del territorio. Per tre giorni, le strade di ciottolato sentono tornare i passi della vita e gli strilli eccitati dei bambini con in mano le caldarroste.

Lasciando il borgo per continuare il sentiero, non potevamo ancora immaginare tutto questo, eppure ce ne siamo andati con una vena di malinconia e la speranza che altri potessero respirare quell'atmosfera senza tempo.

Usciti da Poggio Canoso, era il momento di salire verso l'Eremo di San Francesco, dove avremmo finalmente incontrato i frati che ci stavano aspettando.

Alla fine di un ponte, però, il sentiero si interrompeva bruscamente, travolto da una frana.

Eravamo di fronte a un bivio: tornare indietro e cercare un sentiero alternativo della cui esistenza non potevamo essere certi, o inerpicarci lungo la parete franata.

Per un po' ci siamo divisi, cercando nei dintorni tracce del sentiero o vie d'accesso meno impervie, poi però ha vinto in me l'amante dell'alta montagna: dopo la quiete della prima parte di cammino in cui mi ero messo in ascolto e avevo dialogato col bosco, sentivo che era venuto il momento di un contatto più fisico e diretto con la terra, di una sfida che chiamasse in gioco tutto il corpo, nervi e muscoli.

Risalire una frana è una via che sconsiglierei a chiunque non fosse adeguatamente allenato ma, in quel caso, non ci sembrava di avere alternative e sapevamo che avremmo potuto farcela.

Non è stato facile: con me avevo ancora l'ingombrante "bisaccia" di plastica che volevo affidare alla raccolta differenziata una volta raggiunto il convento. Inoltre, pur essendo attrezzati, non avevamo previsto un tratto così impervio.

In un corpo a corpo con la montagna squarciata abbiamo risalito la parete di terra e arbusti. La frana doveva aver avuto un impatto distruttivo non indifferente e continuava per diversi metri di dislivello. Probabilmente aveva trascinato con sé intere sezioni di bosco e forse persino parti del convento dei francescani che sapevamo essere pochi metri sopra di noi.

È stata sicuramente la parte più faticosa ed emozionante del cammino e, nella pace che il bosco aveva depositato in ogni nostro tessuto, l'adrenalina irrompeva con ancora maggior forza. Arrivati finalmente in cima, mentre il cancello dell'eremo appariva nella nostra visuale, ci siamo voltati per guardare con soddisfazione l'irta parete percorsa.

In quel momento ci siamo accorti (dall'alto è sempre tutto più chiaro) che a lato della frana si apriva il sottile sentiero che avremmo dovuto percorrere e che ci avrebbe portato, in tranquillità e sicurezza, all'eremo.

Quest'ultima beffa, che abbiamo accolto con un sorriso, era la conferma di quello che il sentiero davvero ci stava chiedendo, e cioè semplicemente di essere custodito.

Ora non avevo più dubbi su come ripagare il sussurro del torrente, la carezza del bosco e il soffio della Storia nel borgo: sarei tornato ogni mese, con gli attrezzi di cui avevo bisogno, per ritracciare ogni volta il percorso inghiottito dalla vegetazione, in modo che fosse accessibile a tutti, proprio come i miei amici lo avevano pensato. Avrei portato con me i miei figli, o i miei amici, avrei condiviso con loro quella bellezza e quella responsabilità.

Ho parlato delle mie intenzioni a Domenico che subito mi ha porto la mano, come a suggellare un patto: «Sarò il primo a seguirti».

Poi, scrollandoci la terra di dosso, ci siamo avviati verso il cancello dell'eremo, curiosi di conoscere la comunità di frati che aveva scelto proprio quell'angolo d'Italia, così recondito e abbandonato, per costruire la propria casa.

All'entrata ci hanno accolto due enormi pastori maremmani, abbaiando con le loro voci gravi. Dovevamo sembrare due pellegrini davvero strani sotto il nostro vessillo di plastica. Dietro di loro un giovane frate li ha richiamati, venendoci incontro.

"Sono i nostri cani pastore, difendono le capre dai lupi, senza di loro saremmo persi. Ecco, questi sono gli altri due". Dopo aver fatto conoscenza anche con gli altri due bianchi guardiani dell'eremo, siamo stati raggiunti dal fondatore della comunità, padre Roberto, che, vedendoci stanchi e sudati dopo la salita, ci ha subito accompagnato alle nostre stanze.

La piccola foresteria è stata costruita dai monaci in seguito al terremoto del 2016 che ha intaccato la struttura dove dormivano. Dopo un anno nelle roulotte, si sono insediati in piccoli bungalow, in attesa di ristrutturare del tutto il corpo centrale del convento.

Padre Roberto lo dice con un sorriso, ma a pensarci è stata una sfortuna sfacciata: il terremoto è arrivato esattamente un anno dopo che avevano dato anima e corpo per riportare quell'antico edificio, abbandonato da anni, al suo splendore originario.

Lo avevano scelto per la sua posizione di periferia, nel cuore di un territorio bellissimo e abbandonato, ma anche perché da francescani volevano prendersi cura di uno dei luoghi in cui san Francesco aveva soggiornato, durante la sua visita nell'ascolano del 1215.

Dopo il terremoto, la prima cosa che hanno messo in sicurezza, mentre ancora dormivano nelle roulotte, è stata la piccola chiesa dove tengono quotidianamente le funzioni che, prima del loro arrivo, era stata rimpiazzata da una stalla.

Ma padre Roberto rimanda alla cena tutti questi racconti, desideroso di farci riposare e di farci sentire come a casa.

Dopo la doccia, rigenerati, non abbiamo resistito alla curiosità di esplorare i dintorni, mentre i frati erano impegnati ciascuno nella sua attività quotidiana.

Fuori dalla nostra stanza si apriva uno spiazzo dove erano coltivate spezie ed erbe medicamentose, quello che con un bellissimo termine viene chiamato "il giardino dei semplici", e che, sin dall'epoca medievale, è parte integrante dei complessi monastici. Questo però aveva qualcosa di diverso, era animato da un cinguettio ininterrotto proveniente da un lato riservato a una fila di voliere. Mi sono avvicinato e, con sorpresa, ho visto che ogni voliera conteneva una diversa specie di coloratissimi pappagalli.

Stregato dalla varietà di forme e colori, non mi sono accorto che al mio fianco si era avvicinato uno dei giovani frati. Fra Jonathan si è messo a interloquire con uno dei pappagalli che gli ha risposto con voce gorgogliante. Mi ha spiegato che la passione per i volatili apparteneva a un suo confratello mentre lui si prendeva cura di un altro "angolo di Creato". Mentre mi accompagnava con fierezza verso un edificio poco distante, nel breve percorso ci siamo imbattuti in un pavone dal piumaggio candido, abbagliante come una sposa, che col suo alto verso faceva scappare un gattino grigio di pochi mesi. In quel regno di quiete punteggiato da una varietà incredibile di suoni e colori, la vita era ovunque, come se i frati avessero ricostruito un piccolo Eden.

La mia guida mi ha portato all'entrata del refettorio dove aveva allestito con le sue mani un grande acquario, riempiendone ogni centimetro con vere piante acquatiche, piccoli pesci di diverse specie e gamberi. "L'acquario ce l'ha regalato un parrocchiano... Io a casa l'ho sempre avuto e non mi sembra vero potermene occupare anche qui. Lo vedi quello trasparente? È un pesce fantasma".

Ero sempre più sbalordito, eppure non avevo ancora visto niente.

Nell'ora che è seguita diversi frati della comunità mi hanno fatto conoscere i loro beniamini. Fra Jonathan mi ha presentato il lupo siberiano del convento, una creatura meravigliosa e fiera che mi guardava con una sottile punta di diffidenza. L'animale sostava immobile a guardia della vasta area dedicata all'orto e al pollaio, mi sono fermato ad accarezzarlo e a perdermi nel suo sguardo. Qualcosa nei suoi occhi era inafferrabile e apriva a un territorio inesplorato e selvaggio che mi riguardava ma non mi apparteneva. Certo, il lupo era di fra Gaetano, di cui si prestava a eseguire i comandi, eppure era libero, non ci apparteneva, potevamo solo accarezzarlo e custodirlo.

Lo stesso valeva per la poiana che, poco dopo, mi hanno mostrato: fra Jonathan la stava addestrando e ancora non si sentiva pronto a farla volare fuori dalla sua grande gabbia. Stregato da quegli occhi gialli, ho avvicinato la mano mettendo un dito sulle sbarre: subito, con istinto da predatore, la poiana ha proteso il becco adunco verso la mia mano che ho ritratto immediatamente.

Se la parola, questo piccolo tesoro così umano, può nascere nel rapporto con la natura e tornare alla natura sotto forma di lode, c'è però qualcosa che si rende ancora più evidente negli occhi di un lupo o in quelli stretti e gialli di una poiana, a cui la nostra parola può solo avvicinarsi con rispetto, senza la pretesa di capire.

Gli incredibili progressi della scienza moderna ci illudono talvolta del fatto che la natura possa diventare un libro aperto, dispiegato di fronte ai nostri occhi. Ma basta trovarsi occhi negli occhi con un lupo, con una poiana, per rendersi conto di quanto la natura sia misteriosa e inafferrabile. Qualcosa di fronte a cui possiamo solo stupirci, inchinarci e, infine, agire, adempiendo il compito che ci è proprio, quello della custodia.

Come nell'amore, il desiderio profondo di custodire, di difendere, può nascere solo dalla meraviglia, dalla percezione che l'amata o l'amato è immensamente più grande di quello che possiamo anche solo immaginare. Ed evidentemente i frati dell'Eremo di San Francesco, che stavo iniziando a conoscere, della meraviglia avevano fatto la loro vita. Persino nel pollaio non si limitavano a tenere quel tanto di galline che poteva garantire loro le uova, ma avevano una gamma infinita di sottospecie diverse di tacchini, oche, galli e galline. Ciascuna striata di colori differenti, in un coro di versi dissonanti eppure armoniosi.

Più guardavo il sorriso dei confratelli che mi stavano facendo da guida, più mi convincevo che nel custodire tutto questo ci stavano prendendo gusto, pazzamente, come innamorati.

Alla fine del mio tour, mentre ormai si avvicinava l'ora della preghiera serale, i frati mi hanno accompagnato nel punto dell'eremo da cui si poteva godere di una vista panoramica sulla valle e della frescura della sera. Mi sono seduto di fronte a una delle querce protette del convento, un albero di 600 anni.

«Chissà quanta vita ha visto passare, quanti santi, soldati, terremoti... E ora è qui con noi» mi ha detto padre Roberto con un sorriso grato.

Candidamente, meravigliato come un bambino di fronte all'intrico di rami possenti, gli ho dato una risposta spontanea e senza filtri: «È così bella che mi verrebbe voglia di arrampicarmici sopra subito, in questo momento».

Il frate ha sorriso e un pensiero gli è affiorato alla mente, facendogli brillare gli occhi: «Le fonti raccontano che san Francesco, durante i suoi lunghi cammini, appena vedeva un vecchio albero cavo amava infilarcisi dentro. I suoi lo cercavano nel bosco, a volte per ore, senza trovarlo. Faceva così perché il tronco cavo gli ricordava il costato di Cristo, dentro cui si sentiva protetto».

Padre Roberto aveva raccontato questo episodio umilmente, senza trarre morali, solo perché la mia bambinata glielo aveva fatto ricordare. Ma quelle parole mi sono rimaste impresse: sono l'immagine vivida di quanto il rapporto di Francesco col Creato dovesse essere viscerale.

Quando i frati mi hanno lasciato per prepararsi alla preghiera, sono rimasto seduto a guardare la vecchia quercia, ogni sua riga e ogni goccia di resina, lacrime per chissà quale perdita antica. Sentivo che sostare sotto quell'albero, che per i Romani e i Celti era simbolo di forza, rigenerava qualcosa di profondo dentro di me.

La quercia possente era l'immagine stessa del Creato e della memoria, entrambi in pericolo, entrambi da custodire.

Ho pensato alla bellezza di questa parola, *custodire*, e a quanto fosse lontana da quella che domina il nostro tempo, *consumare*.

C'era un tempo in cui si conservava tutto gelosamente, si custodiva una lettera, il ricordo di un bacio. Oggi sembra che nulla valga la pena di essere difeso, se non il nostro stesso diritto a consumare.

Nella radice latina della parola *custodire* sono iscritti molti altri significati: difendere, conservare ma anche avvolgere, coprire. E, davvero, ogni volta che penso a questa parola, mi vengono in mente i miei figli neonati, da avvolgere in una coperta calda per non farli ammalare. O un vecchio genitore che ha dato tutto per noi e ora ha le ossa indebolite, assediate dal freddo.

Questo dovrebbe essere per noi il Creato, padre e figlio al contempo, una varietà inesauribile di forme e colori che reclama la nostra custodia per continuare a esistere, e a farci meravigliare.

5

Il cambiamento che nasce dallo stupore

Nel momento in cui finalmente diamo attenzione a ogni cosa, anche un filo d'erba può diventare un misterioso, fantastico, indescrivibile, magnifico mondo a sé.
Henry Miller

Abbiamo visto come la meraviglia sia il vero motore di cambiamento nella nostra vita perché, se abbracciata, può smuovere la nostra indifferenza e spalancarci davanti agli occhi un mondo nuovo, fatto di gioie sorprendenti, che prima superavamo incuranti, risucchiati dai nostri pensieri o dai nostri smartphone.

Spesso, però, la bellezza che incontriamo tutti i giorni non ha la gloriosa potenza di un paesaggio innevato contemplato da una vetta, e ci si offre timidamente, senza imporsi, come i riflessi di una foglia autunnale sotto i nostri piedi intorpiditi verso l'ufficio.

Per questo difficilmente la meraviglia può raggiungerci senza l'attenzione, questo rimanere in ascolto di tutti i sensi che impedisce ai tesori più preziosi di disperdersi e scivolarci via.

Immaginando un'ipotetica gerarchia di valori, credo fortemente che oggi più di sempre, la parola *attenzione* possa essere un moderno antidoto per tanti mali dell'anima e del mondo. In essa è insito il concetto di prendersi cura, di osservare, di rivolgere la propria mente verso qualcuno o qualcosa.

L'attenzione è, a mio avviso, un'azione a tutti gli effetti e, come ogni azione, presuppone uno stimolo, meglio ancora una necessità ad agire.

Essere attenti vuol dire agire e non stare fermi.

Un tempo si era attenti ad aprire la portiera della macchina a una donna, ad aiutare un'anziana signora a portare la busta della spesa, si era attenti alle parole degli adulti, si era attenti a salutare o a ringraziare. Si era attenti a non macchiare la camicia bianca della domenica. Mio nonno era sempre attento a mantenere pulito il tratto di strada davanti alla sua casa, una strada comunale e non privata. Era attento a tenere il suo orto come fosse un giardino, un prezioso giardino che dava frutti e ortaggi, ricordo in modo vivido l'orgoglio con cui guardava le sue pesche, le noci, di cui mi faceva dono. Quelle pesche e quelle noci erano il frutto della sua attenzione, della sua cura, un'attenzione che lo riportava indietro nel tempo, a una necessità, quella derivata dalla fame e della miseria. Un tempo in cui avere una pesca, una noce o una patata poteva fare la differenza tra vivere e morire di fame. Oggi sembra folle parlare così, lo so e me ne rendo conto, per questo lo faccio e voglio continuare a farlo, perché abbiamo reso folle e strano, o meglio estraneo, quello che è naturale e normale. Oggi che ogni cosa è alla portata della nostra mano, nel potere decisionale di un clic, non dobbiamo dimenticare mai che tutto questo ha un prezzo pesante, che ogni giorno paghiamo noi tutti e il nostro mondo, dovendo confrontarci con un nemico nuovo: il senso di estraneità.

Ci sentiamo estranei rispetto a ciò che ci circonda, che si tratti di ambiente o di persone spesso non fa differenza, e questa estraneità è il terreno più fertile dove ogni forma di condizionamento può attecchire. Se siamo estranei a noi stessi e al mondo che ci circonda, basta poco, basta che qualcuno venga a dirci chi siamo e quale mondo volere e, inermi, saremo pronti a cadere in trappola, ad alienarci. La mancanza di attenzione non è soltanto colpa nostra, è un veleno intrinseco alla società in cui viviamo, preoccupata di accelerare tutto, il consumo, la produzione, il divertimento.

I bambini vengono da subito ingozzati di stimoli, come a voler scongiurare qualsiasi vuoto: ogni tempo morto è riempito dal tamburellare ossessivo delle dita sul tablet, alla ricerca inesausta di qualcosa di nuovo. La noia viene combattuta come una strega cattiva mentre non ci rendiamo conto che c'è un mostro ben più temibile che si acquatta dietro la porta, nutrito da ogni nostro tentativo forsennato di riempire il vuoto: l'indifferenza.

L'infanzia dovrebbe essere, per eccellenza, il territorio della meraviglia, ma cosa succederà se non diamo ai bambini il tempo di sorprendersi? Se non li educhiamo all'attenzione che richiede pazienza e uno spazio di silenzio interiore?

L'imperativo di oggi è fare nuove esperienze e divertirsi, ma in questo modo si rischia di rimbalzare da una sponda all'altra come le palline di un flipper impazzito, senza lasciarsi il tempo di valutare, di trattenere, di nominare quello che si è vissuto.

Eppure, sarebbe proprio l'infanzia, gli anni trascorsi senza il peso del lavoro e della responsabilità, il terreno fertile per educare alla grazia della lentezza, allo splendore delle piccole cose.

In passato, nella noia di lunghi pomeriggi di sole, i bambini esploravano il mondo partendo dalla formica, dal filo d'erba, dalla coccinella posatasi distrattamente su un dito.

Non a caso il Vangelo dice che "bisogna farsi piccoli" e tornare bambini, perché l'unica strada per una vera comprensione è la meraviglia.

Pensiamo a san Francesco, quando parla del sole nel *Cantico delle creature*, ringraziandolo perché "è bellu e radiante cum grande splendore". Quasi tornano alla mente le immagini disegnate dai bambini, quei soli immensi pitturati di giallo, alti sopra le loro case e loro famiglie.

Da quanto tempo non ci accorgiamo della carezza del sole sulla nostra pelle? Da quanto non alziamo gli occhi al cielo sorprendendoci del suo splendore accecante?

Lo stesso vale per l'acqua, che Francesco descrive come "utile, umile e preziosa". Da piccoli facciamo disperare i nostri genitori giocando con l'acqua nella vasca, con questo strano elemento che non possiamo trattenere. Oppure usciamo a cercare le pozzanghere in cui saltare, inzaccherandoci.

Poi gli anni corrodono il nostro rapporto con gli elementi, e l'acqua diventa qualcosa di consueto e scontato. La mattina sostiamo lungamente sotto la doccia seguendo i nostri pensieri sulla giornata che ci aspetta, sulla strigliata del capo il giorno prima o sulle scadenze che dobbiamo rispettare. Eppure, nei nostri giornali da adulti, abbiamo letto quanto l'acqua sia ormai un bene che scarseggia in interi continenti, provocando la morte e l'emigrazione di intere famiglie e popoli.

La domanda che mi viene è: perché la sera prima passiamo due ore del nostro tempo sdraiati sul divano a guardare coinvolti un documentario che ci parla della drammaticità della mancanza d'acqua in intere regioni africane, che causa malattie e morte e poi, con tranquillità, la mattina dopo stiamo 25 minuti sotto la doccia? Si tratta solo di un esempio, non sto invitando nessuno a non lavarsi, ma mi serve per chiarire che il passo successivo alla distrazione è l'indifferenza.

Entrati in questo stato d'animo è facile comprendere com'è difficile che ci sorprenda il senso di privilegio e gratitudine che ha suggerito a san Francesco le parole del *Cantico delle creature*.

Prestare attenzione è un gesto piccolo e semplice, non richiede un ragionamento complesso, una cultura filosofica, è un moto del cuore, accessibile anche ai bambini. Eppure, in un mondo dominato dall'affollamento di suoni, immagini e parole svuotate, la distrazione rischia di rendere questo piccolo gesto quasi irraggiungibile. Prestare attenzione è ormai diventata un'impresa, così eroica e rara che il poeta vietnamita Thich Nhat Hanh sostiene che "il regalo più prezioso che possiamo fare a qualcuno è la nostra attenzione".

Tutto ciò sembra ancora più vero quando parliamo di ambiente. Tutti ormai conosciamo i rischi del clima impazzito e talvolta, persino, ci perdiamo in previsioni apocalittiche su quello che ci aspetta. Tutto questo è molto importante, ma rischia di non avere nessun impatto se rimane confinato nel regno dei massimi sistemi e non entra a far parte del nostro quotidiano, se non diventa cioè una pratica concreta di attenzione.

Questo deve necessariamente essere il tempo della responsabilità, dobbiamo comprendere che siamo ben oltre il "secondo me" o "io credo che", peggio ancora "a mio avviso", siamo già abbondantemente dentro uno stadio di necessità. È necessario agire, tutti e subito, partendo dal basso, partendo da noi, dalle nostre vite, dal quotidiano, dalle cose semplici, che semplici poi non sono. La consapevolezza della necessità delle nostre azioni *ora e subito*, è fondamentale per cambiare.

C'è una frase molto bella che mi ripeto sempre, che recita così: "Sono le nostre azioni a definire chi siamo". Dobbiamo agire, non farlo ci chiama a una responsabilità. La nostra mancata azione non è senza conseguenza.

Qualche mese fa ho partecipato a una sessione di TED (giornate di brevi conferenze su un tema) organizzata a Cortina e dedicata all'ambiente. Dopo una serie di interessanti interventi che spaziavano dall'inquinamento dei mari alla soglia di anidride carbonica nell'atmosfera, ai rischi di alcuni stili di vita per la nostra salute, sono uscito dall'aula per prendere una boccata d'aria e scambiare due parole con gli altri relatori. Era appena iniziato l'intervallo e, quando ho raggiunto il gruppetto dei partecipanti, ho trovato tutti con la sigaretta accesa.

Non si tratta di uno scrupolo moralista o ipersalutista: mi è sembrato solo strano che il fiume di parole che ci eravamo scambiati finisse subito soffocato da una nuvola di fumo. Quelle parole giuste e piene di buonsenso magari avrebbero potuto ritardare di qualche ora l'assunzione di sostanze così nocive, e invece l'imperativo dell'istinto aveva vinto su tutto.

È solo un piccolo esempio di quello che capita nella vita di tutti noi, dell'attitudine alla distrazione da cui, ovviamente, neanche io mi chiamo fuori.

Qualche tempo fa, dopo aver giocato una partita di calcetto con amici, ero seduto nello spogliatoio a bere. Distrattamente, quel giorno mi ero dimenticato di riempire la mia solita borraccia e avevo comprato una bottiglietta di plastica.

Di fianco a me si è seduto un amico con cui gioco da anni e con cui non avevo mai parlato di tematiche ambientali. Ho visto che mi fissava stranito e mi sono guardato intorno senza capire il perché di quello sguardo interrogativo. Il mio amico ha indicato la bottiglietta di plastica: «Massi, da te non me l'aspettavo proprio». Poi ha preso la sua borsa e ha tirato fuori una borraccia mettendosi a bere di gusto. L'ho guardato, sorridendo, non mi ero mai accorto della sua sensibilità verso l'ambiente e, paradossalmente, ero felice di quel rimprovero.

«Grazie, hai proprio ragione» gli ho detto rimettendo la bottiglietta nello zaino, con un pizzico di vergona.

Se c'è una cosa più difficile dell'attenzione in un mondo che va costantemente a 100 all'ora, è l'attenzione perenne. Comprare bottiglie d'acqua in vetro con cui riempire quotidianamente la borraccia è un gesto di una semplicità assoluta, il minimo che possiamo fare, eppure a volte basta una mattina in cui ci svegliamo in ritardo o un'istintiva pigrizia, per disattendere quest'abitudine.

È utile allora avere compagni di viaggio attenti; come quando, sul cammino per l'Eremo di San Francesco, mentre ero incupito dalle preoccupazioni di lavoro e dalla frustrazione di non trovare i segnavia, Domenico, all'improvviso, ha esclamato «Che bello!» fermandosi sotto un raggio di sole che filtrava dagli alberi e illuminava le foglie come tanti piccoli smeraldi. Poi, dritto e immobile verso il sole, alzando le braccia mi ha detto: «Massi, ti rendi conto che se ti fermi un attimo riesci a sentire la bellezza straordinaria della natura, la sua perfezione? È una cosa semplice, alla portata di ognuno di noi, non richiede alcuno sforzo. Qui e ora tutto è perfetto, ogni cosa ha una sua intelligenza, una sua armonia, tutto dentro questo bosco fitto è come è sempre stato. La natura, in fondo, è onesta, reale, dura nella sua potenza, concreta, la natura è in sostanza più forte di noi che viviamo in una costante illusione di predominio. Non so tu, ma io questa cosa la sento forte, sempre, ogni volta che ci entro in contatto mi sento un ospite».

Quell'esclamazione mi ha fatto uscire un secondo dal carcere dei miei pensieri e mi ha trascinato in un regno fatato che chiedeva solo il mio sguardo, la mia attenzione.

La frequentazione della montagna, in questi anni, mi ha spronato a praticare la difficile arte dell'attenzione, è stata come un antidoto all'indifferenza. In montagna non è raro incontrare testimoni dell'attenzione, come i miei amici del soccorso alpino, con cui ho deciso di fare un corso per perfezionare le mie conoscenze in materia, imparando a scendere trasportando una barella, a usare il toboga e tutto ciò che occorre per aiutare chi è in condizione di pericolo in alta quota. In montagna l'indifferenza è preclusa, semplicemente non è una scelta possibile perché in gioco c'è la vita.

Credo sia un grande insegnamento che possiamo portare anche nelle nostre esistenze. Per questo ho deciso di girare uno spot insieme al soccorso alpino rivolto in particolare ai ragazzi e ai bambini: nel breve video, gli uomini del soccorso sono interrotti da una chiamata nel pieno del pranzo di Natale e devono avventurarsi nella neve per salvare niente meno che Babbo Natale, infortunatosi durante il trasporto dei doni. Una piccola storia per raccontare il mondo di questi testimoni che, con la loro presenza coraggiosa e la disponibilità a mettere a rischio la loro stessa vita, permettono che altre vite e altri sogni non si interrompano.

Questi testimoni, oggi, sono ciò che serve, soprattutto quando si tratta di difesa dell'ambiente e del prossimo.

A volte, infatti, quando il peso del quotidiano ci toglie respiro e prospettiva, ci vuole qualcuno che ci sproni a uscire da noi stessi, a renderci conto che fuori ci aspetta un mondo sterminato e meraviglioso in attesa di un nostro atto di cura.

L'attenzione, in fin dei conti, è una responsabilità verso noi stessi e verso gli altri. Cambiare noi stessi è il primo passo, poi, come in un contagio, spronando chi ci sta vicino, potrà succedere che cambi l'atteggiamento di un'intera comunità.

Ho visto che è davvero possibile quando sono andato, in qualità di ambasciatore dell'APGI (Associazione dei Parchi e Giardini d'Italia), a visitare i parchi degli Stati Uniti. Nello Yellowstone, nello Yosemite, in queste distese di meraviglia in cui il selvaggio è preservato al suo stadio più puro, l'attenzione a ogni dettaglio sorge spontaneamente dal desiderio di custodire una ricchezza inesauribile. In ogni parco viene consegnata gratuitamente una borraccia ai visitatori che potranno rifornirsi d'acqua, senza pagare o con una piccolissima sottoscrizione, in diversi punti di distribuzione posti strategicamente su tutto il territorio.

Qualcosa di simile sta succedendo nel nostro Paese con le borracce a scuola o la distribuzione di acqua pubblica in diverse città: quando la consapevolezza comunitaria cresce e fa pressione sulle istituzioni e sulla politica, qualcosa cambia inevitabilmente, si segna un passo determinante verso il mondo come lo vorremmo.

Il punto è proprio questo: come vorremmo il mondo? L'alternativa è tra chiudersi in un lamento asfittico che alla lunga ci renderà cinici e rassegnati, immobilizzati dalla paura di scenari apocalittici, oppure iniziare a muoversi, rispondendo di volta in volta a quello che ci chiede la realtà. C'è sempre una scelta, anche nella situazione più apparentemente disperata. Ricordando sempre che se non scegliamo noi con la nostra volontà, con il nostro desiderio, qualcun altro lo farà per noi.

Ho ancora davanti agli occhi la mobilitazione di popolo che ha coinvolto tutto il Triveneto quando, nell'ottobre del 2018, la forza distruttiva della tempesta Vaia si è abbattuta sui boschi, spezzando alberi centenari e mettendo in ginocchio uno dei territori più belli d'Italia. Già da poche ore dopo la fine della tempesta uomini, donne, ragazzi uscivano dalle loro case, con le gambe ancora tremanti per la tensione accumulata, a ripulire le strade devastate, a ricostruire i tetti degli edifici scoperchiati.

Questo stesso atteggiamento è possibile anche nel caso di eventi meno tragici, nelle pieghe che la vita di tutti i giorni ci mette davanti.

Penso, ad esempio, all'esperienza del sentiero percorso da me e Domenico da Venarotta all'Eremo di San Francesco: quando abbiamo cominciato a perderci, sino a trovarci nella circostanza pericolosa di risalire una frana, avremmo potuto borbottare e lamentarci, chiamare gli amici che avevano tracciato la via mesi prima e scaricare la responsabilità. Invece i doni che il bosco ci aveva fatto trovare lungo il cammino ci hanno reso naturale e spontanea la decisione di segnalare a nostra volta il sentiero coi mezzi che avevamo a disposizione, proponendoci di tornare periodicamente per impedire alla vegetazione di cancellare le tracce del percorso. Quello che poteva diventare un ostacolo e rovinare in parte la nostra esperienza l'ha resa ancora più profonda e fertile.

Ma qui stiamo parlando di un piccolo sentiero nel bosco, qualcosa che chiunque può contribuire a realizzare con le sue sole forze; cosa succede invece per macro-temi che sembrano totalmente fuori dalla nostra portata, come l'inquinamento, le isole di plastica che affollano gli oceani, i cambiamenti climatici?

In questo caso rifugiarsi nella lamentela sembrerebbe l'unica scelta possibile, mentre ogni minuto, ogni secondo della nostra giornata è costellato di bivi, di decisioni da prendere: mi accendo un'altra sigaretta? Che acqua compro? Che caldaia metto nella nuova casa?

Questa collana di scelte arriva sin negli anfratti più banali delle nostre vite: da poco, ad esempio, ho cambiato gelataio perché ho scoperto che un ragazzo della mia città usa esclusivamente vaschette di gelato biodegradabili, a costo di perdere qualche cliente perché deve alzare il prezzo di pochi centesimi. Un piccolo prezzo andrà sempre pagato, un chilometro in più per raggiungere un gelataio meritevole andrà percorso, un sacrificio dei nostri istinti immediati andrà sempre fatto, ma se è l'amore a muoverci la giornata può diventare una somma di scelte buone, preziose per noi e per chi ci sta intorno.

Chi poi ha la fortuna di essere parte integrante della catena produttiva ha una responsabilità ancora maggiore. Anni fa, scoprendo un'intossicazione da mercurio, ho deciso di diventare produttore di pasta, prima solo per me e per la mia famiglia, e poi su scala più larga. Quest'esperienza mi ha permesso di affacciarmi al mondo della produzione agricola e di scoprire come, anche in questo caso, ogni microscopica decisione può essere presa per il bene e per il male, scatenando reazioni a catena.

Spesso, in questo settore, come nella canzone di De André, "dal letame nascono i fior" e gli scarti possono segnare nuovi tracciati di produzione ecologica. Ci vuole solo un po' di fantasia e di passione.

Nel nostro caso ci siamo trovati a dover decidere come riciclare la paglia scartata dalla lavorazione del grano. Abbiamo pensato di utilizzare questo materiale per produrre un packaging che andasse a sostituire gli inquinanti imballaggi di plastica in modo del tutto naturale e biodegradabile. Informandoci, abbiamo scoperto però che l'Università di Firenze deteneva il brevetto su tutti i sistemi di imballaggio alternativi alla plastica ottenuti con materiali vegetali. Avremmo potuto darci per vinti, e invece abbiamo rilanciato chiedendo all'Università di Firenze di collaborare con noi. Insieme abbiamo messo a punto un nuovo materiale ottenuto combinando la paglia con l'alga posidonia, una sostanza leggera e resistente perfetta per produrre imballaggi. Ben presto il primo cliente si è fatto avanti: un'azienda di pollame ha accettato di sostituire il packaging in plastica dei suoi prodotti con il nostro.

In quel contagio di entusiasmo di cui parlavamo prima, la rete si è presto allargata al CNR e all'Università di Ancona, portando il progetto a un maggior livello di perfezionamento tanto che, recentemente, si è classificato tra i finalisti in un contest milanese rivolto alle idee più innovative nel settore del biodegradabile.

Questa catena che ha finito per coinvolgere enti e istituzioni è nata dall'incrocio tra una banalissima scelta da compiere (cosa fare con la paglia scartata?) e una domanda semplice e apparentemente ingenua: com'è il mondo che vorrei? Cosa posso fare per ottenerlo?

Perché questa domanda sorga spontaneamente, guidando le nostre azioni, è necessario amare il mondo con la visceralità di san Francesco o di un bambino che lo scopre per la prima volta. Non basta semplicemente apprezzarlo in astratto, come se fosse un bel quadro, perché senza amore la pigrizia e i nostri calcoli egoistici avranno sempre il sopravvento sul desiderio di impegnarsi a migliorare le cose.

Per questo è necessario, prima ancora che insegnare a fare la raccolta differenziata e a limitare il consumo di plastica, educare i bambini all'attenzione e, visto che si tratta di un atteggiamento che si trasmette solo per testimonianza, i primi a prestare attenzione dovremmo essere noi. Non si tratta di un comportamento generoso, da mettere in atto per gli altri, ma di un'occasione imprescindibile per smetterla di sprecare i nostri giorni nel lamento e di farci scivolare fra le dita la ricchezza che ci è stata donata.

Se abbiamo figli o amici con bambini, basterà passare un pomeriggio con loro in campagna, in qualsiasi agriturismo, e studiare l'espressione dei loro volti di fronte al germoglio che diventa frutto o al vitellino di pochi giorni che muove i primi passi.

È la stessa espressione che ho ritrovato nei frati dell'Eremo di San Francesco mentre mi guidavano a scoprire l'infinita varietà vegetale e animale che, con passione, avevano radunato nella loro casa. Guardando le striature variopinte dei pappagalli e le ruote caleidoscopiche dei pavoni, mi è venuta in mente una bellissima poesia di Gerard Manley Hopkins che riporto qui nella famosa traduzione di Eugenio Montale:

"Gloria a Dio per le cose che ha spruzzate:/ i cieli bicolori, pezzati come vacche,/ la striscia roseo-biliottata della/ trota in acqua, il tonfar delle castagne/ - crollo di tizzi giovani nel fuoco -/ e l'ali del fringuello; per le toppe/ dei campi arati e dissodati, e tutti/ i traffici e gli arnesi, e tutto ch'è fuor di squadra, difforme, impari e strambo".

Lo stupore, l'emozione che si nasconde nella varietà inesauribile del Creato non può che accenderci del desiderio bruciante di preservarla, con ogni mezzo.

Non a caso san Francesco, quando nel *Cantico delle creature* esprime la sua lode per madre Terra, cita immediatamente la varietà, i "diversi fructi con coloriti fiori" che essa produce: se cerco di immaginare la sua espressione di fronte alle gocce di rugiada sui petali di una rosa o alle striature calde di una mela matura, mi sovviene lo sguardo aperto e meravigliato di un bambino.

L'attenzione è un tramite, da sola non basta, ma diventa la miccia che accende una vera e propria conversione del cuore in cui veniamo scaraventati fuori da noi stessi, verso il mondo e la sua bellezza. È il primo passo di una trasformazione necessaria per occuparci dell'ambiente e incarnare questo amore nel quotidiano delle nostre piccole, ma decisive, scelte.

Papa Francesco, nella sua enciclica *Laudato si'*, sulla cura della casa comune, ha voluto radicare l'invito universale a occuparsi dell'ambiente proprio in questo cambiamento del cuore di cui ha indicato san Francesco come l'emblema più puro.

Il Papa cita le bellissime parole del metropolita Bartolomeo che riassumono perfettamente la natura di questo passaggio interiore dall'io al mondo: "Significa imparare a dare, e non semplicemente a rinunciare. È un modo di amare, di passare gradualmente da ciò che io voglio a ciò di cui ha bisogno il mondo. È liberazione dalla paura, dall'avidità e dalla dipendenza".

Mi sembra decisiva questa differenza tra il *rinunciare* e il *dare*: quando si ama, il sacrificio dei propri istinti e desideri immediati viene vissuto con leggerezza, in letizia, non come dovere ma come spontanea risposta del cuore.

Nel concreto significa che, in questa nuova prospettiva, il gesto quotidiano di riempire la borraccia, di comprare un prodotto *plastic free*, di raccogliere e buttare una bottiglietta abbandonata nel parco, diventeranno piccoli e spontanei gesti d'amore, come quelli che facciamo ogni giorno nei confronti di chi condivide la vita con noi.

Parlando di rinuncia subito ci sovviene l'immagine più potente della vita di san Francesco, rappresentata sui muri di chiese e conventi del nostro Paese: la spogliazione di tutti gli averi di fronte al padre Pietro di Bernardone e ai cittadini di Assisi.

Che rapporto hanno, nella complessa personalità del santo, l'amore viscerale per l'ambiente e la sua scelta di povertà?

Il Papa, nella sua enciclica, descrive la povertà di Francesco non come una mancanza di beni, o un sacrificio, ma come l'affermazione di qualcosa di più grande: "La povertà e l'austerità di san Francesco non erano un ascetismo solamente esteriore, ma qualcosa di più radicale: una rinuncia a fare della realtà un mero oggetto di uso e di dominio".

In questo senso, la povertà è fortemente legata all'ascolto, all'attenzione, alla meraviglia e a tutti i concetti che già abbiamo "visitato" nel nostro cammino. Perché per intraprendere la cura della casa comune dobbiamo decentrarci, spostare il baricentro dal dentro al fuori, dall'io al tu, e al noi.

Nei prossimi passi, aiutati dai frati dell'Eremo di san Francesco, ci avventureremo in questo mistero della povertà, lontanissimo dall'accezione negativa che comunemente le si attribuisce.

Intanto, tratteniamo i frutti del percorso fatto fin qui: l'attenzione come antidoto al male dell'indifferenza e lo stupore che ne scaturisce e accende il desiderio di prenderci cura, di custodire la varietà meravigliosa che ci è stata affidata.

6

Al cuore delle cose

Un ammasso di roccia cessa di essere un mucchio di roccia nel momento in cui un solo uomo la contempla immaginandola, al suo interno, come una cattedrale.

Antoine de Saint-Exupéry

Dopo averci presentato le meravigliose creature con cui condividono gli spazi dell'eremo, i frati ci hanno comunicato l'orario della preghiera serale che si tiene ogni giorno poco dopo il tramonto, alla fine delle attività quotidiane, invitandoci con discrezione a unirci a loro qualora ci avesse fatto piacere.

Mentre sostavo ancora sotto la quercia, godendo della quiete e della forza che mi infondeva, ho sentito la campanella di richiamo suonare con energia e ho visto i frati avviarsi, dai quattro lati del convento, verso la piccola chiesa.

Desideroso di condividere in tutto e per tutto la loro quotidianità, per carpire il segreto della gioia che traspariva dai loro volti, mi sono alzato per seguirli.

L'ambiente era semplice e intimo, eppure colmo di sacralità, curato nei minimi dettagli e decorato con variopinti fiori di campo.

Non essendo solito partecipare ai vespri o a momenti di preghiera diversi dalla messa, non sapevo bene cosa aspettarmi, così mi sono seduto sulla panca e ho iniziato a sfogliare il libro di preghiere che vi era appoggiato. Quello che è successo dopo mi ha colto alla sprovvista: i frati, che poi ho scoperto condividere una passione per la musica e animare diverse piazze e feste popolari, hanno imbracciato la chitarra e hanno dato vita a un vero e proprio concerto in cui le voci si intrecciavano su una base comune articolando, ciascuna, una sua singolare lode a Dio. Quelle canzoni, modernissima e antica al contempo, non chiedeva nulla, affermava semplicemente la gratitudine per ciò che esiste, lasciando a ciascun fratello la libertà di ringraziare con le sue parole.

Le voci hanno continuato per un'ora buona a intrecciarsi armoniosamente su ritmi e melodie diverse, senza mai stancarsi, come un fiume che si disperde in mille rivoli per poi tornare alla stessa foce.

Solo dopo questa lunga preghiera di lode, padre Roberto ha iniziato a celebrare la messa quotidiana.

Alla fine della funzione erano le 20:30 passate e fuori la luce del tramonto era andata sfumando nella notte.

Il sacerdote ci si è avvicinato all'uscita della chiesa, forse cogliendo lo stupore sui nostri volti.

«Celebrate questa preghiera tutti i giorni?» gli ho chiesto, incuriosito da quel lungo e partecipato momento che mi pareva vissuto con troppo entusiasmo per essere quotidiano.

«Sì, è il punto focale della nostra giornata. So che può sembrare particolare, diverso da altri tipi di celebrazione a cui siete abituati. Noi la chiamiamo "preghiera di lode", perché non si concentra su quello che ci manca o su quello che vogliamo chiedere, ma sulla sovrabbondanza di quello che ogni giorno riceviamo. Tante volte si rischia di rimanere concentrati su se stessi anche quando si prega, ma così facendo trasformiamo la preghiera in una sorta di lamentela, di ennesimo sfogo delle nostre frustrazioni. Invece, se anziché trincerarci nella nostra debolezza voltiamo lo sguardo verso la forza di Dio e la bellezza del mondo che ha creato, forse abbiamo più possibilità di essere felici».

Io e Domenico ci siamo scambiati uno sguardo stupito: quello che stava dicendo padre Roberto era, in termini religiosi, la stessa cosa che avevamo sentito durante il cammino, il bisogno di passare dal groviglio interiore alla ricca semplicità della natura, dalle pastoie della lamentela all'aria pulita della lode. In definitiva, la necessità di decentrarsi da se stessi per essere felici.

La domanda, anche quella veicolata dalla preghiera, è sempre uno sguardo che parte da dentro ma va verso l'esterno, verso l'alto. La possibilità della risposta presuppone in primo luogo un ascolto, una connessione con ciò che ci circonda, con le esigenze di qualcosa o qualcuno che è esterno a noi.

Il frate ci ha poi fatto da guida all'interno della chiesetta, raccontandoci come, al loro arrivo, la comunità avesse dovuto ripulire quell'edificio del Settecento dal letame accumulato negli anni in cui era stato utilizzato come stalla. L'arredamento della chiesa era stato realizzato da uno dei fratelli, esperto in falegnameria, adattando forme e colori a ciò che era stato ritrovato in loco, come il tabernacolo settecentesco in marmo verde e rosa. L'esperto falegname aveva realizzato alzatine in legno dipingendole in modo che, all'apparenza, sembrassero in tutto e per tutto dello stesso materiale del tabernacolo, simulando il marmo colorato. Persino le panche, i cui costi di acquisto erano troppo alti, erano state realizzate interamente, con infinita pazienza, dai pochi frati della comunità.

Mi ha stupito come quei ragazzi così giovani sembrassero in grado di fare tutto, mettendoci fantasia ma rispettando, con amore, quello che era esistito nei secoli prima di loro. Mi è sembrato un altro volto della loro vocazione di custodi.

Ha confermato quest'impressione la visita alla stanza di pochi metri dove, ottocento anni prima, aveva dormito san Francesco. La piccola cella, che si apriva dalla parte opposta del chiostro rispetto alla chiesa, era stata riportata al suo aspetto originario, con ancora il segno sul muro dell'altare costruito dai benedettini che avevano ereditato il convento. In un angolo la statua di san Francesco ci guardava con benevolenza mentre, poco distante, era custodita una sua reliquia e la pagina tratta dalle fonti francescane che certificava il passaggio del Santo in quei pochi metri di terra. Nessuno sfarzo, nessun orpello: solo lo stretto indispensabile per mantenere vivo il rapporto con quel passato, per renderlo presente.

Allontanandoci per raggiungere il refettorio, padre Roberto mi ha fatto notare i segni del terremoto sul lato della chiesa percorso da lunghi sostegni metallici. Le parole del sacerdote non lasciavano trapelare la fatica, la frustrazione di quei giorni, ma ho provato a immaginare cosa volesse dire veder crollare il centro delle proprie giornate dopo che, solo un anno prima, si erano spalati chili di letame per riportarlo al suo semplice e originario splendore.

La determinazione di questi pochi, giovani frati che, con le loro mani, avevano riportato vita e bellezza in un angolo di terra abbandonato, mi ha fatto ricordare un episodio della vita del Santo che aveva ispirato il loro Ordine tanti secoli prima.

Dopo aver ricevuto la chiamata a Spoleto e aver deciso di abbandonare il sogno di diventare cavaliere, Francesco ha preso una nuova strada, a lui sconosciuta, tutt'altro che dritta. Per anni ha vagato, come un pellegrino, rimanendo in ascolto per capire quale fosse la via da intraprendere.

Un giorno in cui era particolarmente irrequieto, dopo aver camminato lungamente nelle campagne intorno ad Assisi nella speranza di trovare una risposta alle sue domande, è approdato alla piccola chiesa di San Damiano che, all'epoca, era in rovina. Qui si è rivolto al crocifisso ligneo che campeggiava tra i calcinacci, chiedendogli di illuminare il suo cammino, di fargli capire quale fosse la sua volontà.

Dal crocifisso, allora, gli è giunta la voce di Dio: «Francesco, va' e ripara la mia casa che, come vedi, giace in rovina!». Guardandosi intorno e vedendo ovunque i segni dell'incuria, il giovane ha subito pensato che la richiesta del Signore si riferisse alla chiesa di San Damiano e ha usato parte dei fondi paterni per farla ristrutturare e renderla accogliente. Non poteva ancora sapere che quella voce si riferiva a imprese ben più grandi e che la sua missione, da quei pochi metri di terra, si sarebbe allargata raggiungendo i confini del mondo allora conosciuto.

Francesco, ignaro, umilmente, ha iniziato a ricostruire, pietra dopo pietra, la piccola chiesa a pochi metri da casa.

Così avevano fatto quei frati con l'eremo abbandonato e, ben presto, avrei scoperto come il principio di moltiplicazione che aveva ispirato Francesco stava funzionando anche per loro, diffondendo l'azione ristoratrice della comunità a macchia d'olio ben oltre l'eremo, l'ascolano e le Marche, in un cammino aperto verso l'infinito.

Credo che iniziare a cambiare le cose dal basso, dal fazzoletto di realtà che ci è stato affidato (o che ci siamo scelti) per quanto piccolo, sia l'unico vero modo per innescare una trasformazione reale, che continui anche dopo di noi, nonostante noi.

Iniziare dal piccolo, infatti, significa abbandonare i sogni individualistici di gloria, rimboccarsi le maniche e spalare il letame, come avevano fatto quei frati, rispondendo all'esigenza autentica della realtà prima ancora che ai nostri angusti schemi precostituiti.

Nel frattempo, avevamo raggiunto il lungo tavolo del refettorio dove gli altri frati già ci stavano aspettando. Padre Roberto mi ha spiegato che, per ogni lavoro, i turni erano settimanali e così, anche la cucina, era affidata di volta in volta a diversi fratelli in modo che tutti sapessero fare da mangiare. Ognuno aveva i suoi segreti e le sue specialità e, per quella sera, il piatto forte era un'ottima frittata con uova di giornata, patate dell'orto e formaggio di loro produzione. Quello che non poteva essere prodotto in proprio era donato dai supermercati, dagli esuberi dei ristoranti o semplicemente dai parrocchiani.

Ci avevano messo anni a costruire la loro azienda agricola e a tessere legami con la gente del territorio. C'erano stati tempi difficili in cui il cibo sulla tavola non era così abbondante, eppure non ho mai scorto, negli occhi e nelle parole di quei frati, l'ansia del domani che, in qualche misura, ci abita tutti. Non so se fosse la fede nella provvidenza o un rapporto vivo e fecondo con la terra, ma sembravano sicuri del fatto che avrebbero continuato a disporre di ciò che era essenziale.

Mi ero sempre immaginato la cena serale in un convento come un momento di silenziosa condivisione del pasto; all'eremo, invece, era un'esplosione di voci, il ritrovarsi gioioso di una famiglia dopo una giornata di lavoro. Con noi c'erano anche i parenti di alcuni frati venuti da lontano per un ritiro spirituale di tre giorni che sarebbe iniziato il giorno seguente.

I frati accolgono tutti con sguardo aperto e curiosità sincera per la storia di ciascuno. La semplicità della vita che conducono permette loro di spogliarsi delle barriere che impediscono alla maggior parte delle persone di incontrarsi veramente, nel reale senso della parola.

Ma io ero più curioso di loro e volevo capire perché avessero scelto proprio quel posto, affrancandolo con fatica da anni di abbandono.

Padre Roberto mi ha spiegato che la loro comunità, i discepoli di Maria di Nazareth, si era formata quindici anni prima e, a poco a poco, aveva raccolto l'adesione dei 16 giovani, provenienti da tutta Italia, che all'epoca appena ventenni hanno oggi intorno ai trent'anni. Dopo essersi stabiliti a Isernia, in Molise, la comunità era stata invitata in Etiopia dove le era stata prospettata la possibilità di rimanere a condurre una missione. Allora però i ragazzi erano giovanissimi e padre Roberto ha pensato che fosse troppo presto per investirli del compito di fronteggiare una realtà complessa come quella etiope, venata di miseria e violenza, proprio mentre stavano muovendo i primi passi nella vita consacrata.

«Quello che abbiamo visto in Africa, negli occhi di quella gente, non lo scorderemo mai, e rimarrà di monito in fondo a tutte le nostre giornate. Però ci siamo sentiti chiamati a rispondere a un altro tipo di povertà, una povertà che conoscevamo bene perché riguardava le nostre terre… non credere che esista solo la mancanza di beni, tante cose possono venire meno».

Quelle parole mi avevano incuriosito e ho chiesto a padre Roberto di spiegarmi meglio. Mi ha raccontato di come avessero scelto di insediarsi in quel territorio proprio perché periferico, lontano dal cuore della diocesi, e costellato di borghi abbondonati in cui vivevano spesso anziani solitari, senza neppure la possibilità di recarsi a messa per la scarsità di sacerdoti.

«Povertà è la solitudine, la chiusura al mondo degli anziani abbandonati, oppure la ferita affettiva di tante famiglie divise che soffrono insieme ai loro bambini, o ancora la mancanza di speranza dei giovani che non riescono a trovare il loro posto nel mondo del lavoro e nella vita. Sai, oggi tanti giovani che mi capita di incontrare non hanno i problemi di tossicodipendenza o disagio sociale di decenni fa, a volte neanche escono di casa, sono depressi, non desiderano più nulla».

Ho pensato agli occhi diffidenti dell'uomo incontrato prima di avventurarci sui calanchi, o agli sfoghi di tanti uomini e donne delle mie terre, bellissime eppure segnate da quella sfiducia nel futuro che pervade ultimamente il nostro Paese, e forse tutto l'Occidente.

Sollecitati dalle mie domande, i frati mi hanno raccontato le loro giornate che sembravano avere più di 24 ore: il duro lavoro quotidiano nella stalla, con 141 capre e 8 mucche da mungere e sostentare, le attività artigianali, lo studio nella facoltà di Teologia più vicina per diventare anche loro sacerdoti come padre Roberto e rispondere così alla crisi delle vocazioni che lascia interi territori senza parroci. Ma oltre a queste attività quotidiane le settimane dei frati erano costellate di trasferte, apostolato nelle piazze, seminari di studio per chi volesse avvicinarsi alla Bibbia e gruppi di preghiera per chi avesse bisogno di sollievo, colonie estive con centinaia di bambini. Ogni singola attività rispondeva a una delle "nuove povertà" che aveva nominato padre Roberto.

Adesso, guardando i sandali che indossavano anche d'inverno, simbolo per eccellenza della povertà predicata da san Francesco, potevo capire meglio di cos'era fatta la loro vita e delle strade su cui erano chiamati a camminare.

In un angolo, un frate siciliano di nome Marco mi studiava con particolare interesse. A un certo punto non si è trattenuto: «Sai, Massimiliano, io ho da sempre la passione di scalare, solo che dove vivevo in Sicilia non c'erano montagne e ora devo imparare tutto da capo. Qui in convento ho costruito una parete per esercitarmi… ti va di venire a vederla, domani? Magari mi puoi dare qualche consiglio».

L'ho guardato, stupito che in un angolo dell'eremo ci fosse una parete da scalata attrezzata, costruita autonomamente da quel giovane senza esperienza.

Ci siamo soffermati a lungo a parlare. Fra Marco aveva moltissime domande e potevo leggere nei suoi occhi la mia stessa passione per la roccia e le altezze nel primo focoso stadio del puro innamoramento. Gli ho consigliato alcune scalate di diversa difficoltà facilmente raggiungibili dall'eremo e gli ho promesso che il giorno dopo sarei andato a vedere la sua parete.

A furia di parlare e di raccontarsi erano passate le 23.00: avevo sempre immaginato la vita del convento regolata da ritmi rigidi e orari claustrali e invece mi trovavo di fronte a uomini come me, anzi ancora più vivi, desiderosi di godersi la giornata fino all'ultima goccia. Per chiudere la cena mi hanno offerto la genziana prodotta da loro con le radici raccolte nei boschi intorno al convento: il sapore amaro e rinfrancante parlava della ruvida terra ascolana che sembrava offrire tutto ciò di cui avevano bisogno.

Mi sono coricato avvolgendomi nel silenzio perfetto, rotto solo dall'abbaiare sporadico dei pastori maremmani che, in lontananza, difendevano le capre e le mucche della stalla dall'attacco dei lupi, numerosi in quell'angolo di Appennino. Prima di chiudere gli occhi ho pensato alla notte che si distendeva sui riflessi iridescenti dei pavoni, sugli occhi gialli della poiana e, lentamente, prendeva anche le mie gambe stanche: mi ha colto un senso di appartenenza alla famiglia variegata e meravigliosa delle creature e ho pensato a quanto dovesse essere bello vivere costantemente con quella consapevolezza.

Il giorno seguente, dopo la colazione, ho mantenuto la mia promessa di vedere la parete che fra Marco aveva allestito in un angolo del convento dedicato ai laboratori.

Il giovane frate era emozionato nel mostrarmi il frutto del suo lavoro, una parete semplice ma di tutto rispetto, alta 6 metri e con gli appoggi ben posizionati. Ho voluto subito provarla, mentre Marco studiava ogni mia mossa, concentrato.

«Ma come fai a muoverti con quella naturalezza? Io mi sento rigido, come un robot!».

La passione di quel giovane, che veniva da una terra di mare ed era pronto a confrontarsi corpo a corpo con la montagna, mi divertiva e mi emozionava al contempo.

Ho immaginato le sue ore ad allenarsi in quel capannone, dopo il duro lavoro nella stalla o nell'orto. Mi è venuta in mente una frase del famoso alpinista Julius Kugy: "Non cercate nelle montagne un'impalcatura per arrampicare, cercate la loro anima".

Così, visto che continuava a guardarmi con stupore, gli ho detto quello che pensavo: «La naturalezza è questione di allenamento. Bisogna frequentare la montagna fino a quando non ti diventa famigliare, come se la roccia ti sussurrasse qual è il modo migliore per entrare in rapporto con lei. Allenati qui, ma prova presto a far conoscenza con la roccia vera, partendo da qualcosa di semplice e in assoluta sicurezza. L'attrezzatura ce l'hai?».

Timidamente, fra Marco mi ha portato due moschettoni che gli avevano regalato dei parrocchiani e una corda. Stava arrampicando con un'attrezzatura rudimentale, eppure il suo volto era pieno di gioia ed entusiasmo.

«Ho solo questi».

Gli ho promesso che gli avrei procurato altro per completare la sua attrezzatura. La sua era una passione che meritava di fiorire, il regno di roccia e aria era l'ambito del Creato con cui aveva scelto di avere un rapporto privilegiato e io potevo capirlo molto bene.

Nel frattempo, mi sono guardato intorno e, dentro quella vasta soffitta, ho notato che ogni angolo era attrezzato con strumenti professionali di diverso tipo.

Vicino a me potevo ammirare una bellissima Pietà e un'enorme Arca dell'Alleanza che, come mi ha spiegato fra Marco, erano uscite dalle mani di un fratello falegname, lo stesso che aveva arredato con le sue opere la chiesa del convento. Poco più in là, su un lungo tavolo, erano disposti strumenti di lavoro che sembravano appartenere a un amanuense: inchiostri di tutte le sfumature che, miscelati attraverso una particolare tecnica, davano vita a caleidoscopiche coperture per libri e quaderni. Mi ricordavano le striature dei pappagalli e le piume iridescenti dei pavoni: quei frati innamorati della varietà del Creato la riportavano anche nelle loro creazioni, in una continua celebrazione di colori e forme.

Pensavo di aver finito la visita ma, evidentemente, l'iniziativa e la fantasia di quei pochi frati era senza confine. Poco distante, in un container allestito temporaneamente per via dei danni del terremoto, ho visitato il laboratorio di cera dove prendevano vita candele di ogni forma intagliate con motivi floreali. Poi sono stato guidato nel vicino laboratorio di creta dove Fabio, un frate campano, modellava le statuette del presepe secondo la tradizione napoletana: le minuscole mani dei personaggi della Natività erano riprodotte sin nelle venature con una cura e una dedizione da vero artista.

«Ma non è possibile. Sapete fare qualsiasi cosa!» mi sono lasciato sfuggire, sempre più stupito, travolto da quel tour di pochi metri di convento che pareva un'esposizione d'arte infinita. Mi meravigliava come ognuno avesse trovato la sua passione, coltivandola e portandola in pochi anni a livelli professionali. Padre Roberto aveva incoraggiato ciascuno di loro, mettendo a disposizione locali e mezzi della comunità, probabilmente convinto che quella scintilla di talento venisse da molto lontano e andasse custodita.

Sembrava un paradosso: nella perdita dell'individualismo, l'io di ciascuno, con la sua irripetibile creatività, era fiorito e aveva dato frutto.

Nessuno di loro modellava le sue opere per inseguire il successo o la fama, nessuno le rivendicava apponendovi la sua firma: creavano, come naturalmente spinti dall'attenzione verso la bellezza del Creato e dal desiderio di prendervi parte, di contribuire.

Nonostante si fossero improvvisati scultori, falegnami, pittori, i risultati erano incredibili: era come se avessero una familiarità spontanea con la materia. Proprio come avevo detto a fra Marco, se scalare equivale a intrattenere un rapporto profondo con la roccia e con la montagna, lo stesso è possibile con il legno, con la cera, con l'inchiostro. Quando il desiderio di conoscerla e rispettarla è autentico, la materia si presta al nostro progetto, alla nostra fantasia. L'arte e la bellezza degli oggetti di una volta, curati nei minimi dettagli, nascono da una frequentazione profonda con le cose, da un'attenzione costante e paziente. Come diceva Michelangelo: "L'immagine è dentro il blocco di marmo, basta solo spogliarla".

Guardando quei frati, che si erano costruiti autonomamente persino il tetto antisismico del loro refettorio, ho pensato all'alienazione contemporanea dell'uomo dal cuore delle cose, alla nostra costante impotenza di fronte a un pezzo di legno, a una finestra rotta, a un mobile che non possieda le solite istruzioni dettagliate di montaggio.

A furia di convincerci che la realtà sia cosa nostra, infinitamente modificabile secondo i nostri desideri come sembrano dimostrare le tecnologie moderne, ci siamo ridotti a non sapere come usare le nostre mani e la nostra intelligenza senza il filtro di un computer. Per ogni singola piega del mondo ci si riferisce ormai a un esperto, tanto che talvolta persino in casa siamo gli spettatori impotenti di guasti e disfunzioni, senza poter fare altro che attaccarci ansiosi a un telefono alla ricerca di un salvatore.

Dopo il rapporto simbolico col mondo, veicolato dalla parola, ci siamo privati anche della relazione concreta e attiva che passa attraverso le nostre mani, le stesse che nei secoli scorsi hanno bonificato paludi e costruito cattedrali.

Abbiamo perso il rapporto fraterno che avevamo con il Creato e con il frutto del nostro lavoro, tanto che non sappiamo più né nominare né plasmare le cose; le compriamo, le sostituiamo, ma non le conosciamo più nel loro profondo.

Siamo diventati ricchi di stimoli, di scorciatoie, ma poveri di parole e abilità concrete: ci manca la presa sulla realtà.

Anche questa è una povertà di cui farci carico, da affrontare, senza inutili nostalgie per il passato, ma anche senza accettare passivamente tutto ciò che ci viene proposto.

La domanda che tutti siamo chiamati a porci nel cammino del nostro quotidiano è sempre la stessa: c'è un modo per vivere nel mondo contemporaneo senza atrofizzare lingua, mani e cuore?

7

La sfida delle nuove povertà

La nostra vita è sprecata nei dettagli… Semplifica, semplifica.
Henry David Thoreau

Le parole di quei frati sulla povertà mi hanno richiamato alla mente un incontro vissuto anni prima in territorio molisano, proprio nella provincia di Isernia da cui la comunità proveniva. Mi trovavo a Capracotta, il comune più alto dell'Appenino, famoso per i suoi impianti sciistici. Ero andato lassù per un servizio in occasione della più grande nevicata registrata dagli anni Sessanta: la città era nascosta sotto 2 metri e 56 centimetri di neve, un record assoluto che aveva reso necessario l'arrivo di uno spazzaneve di ultima generazione direttamente dagli Stati Uniti.

Il borgo, di origine medievale ma completamente ricostruito in seguito alle devastazioni della Seconda guerra mondiale, è oggi abitato da quasi 800 persone che, assediate in un biancore irreale, vivevano quell'anno uno dei loro inverni più difficili.

In quel deserto abbagliante ricordo di aver visto la figura di un anziano che tornava lentamente verso casa, facendosi strada a fatica nella neve. Si trattava di un ottantenne, ex preside, che con una cortesia d'altri tempi si è fermato a discorrere con me in quello scenario surreale. Oggi che da qualche tempo ci ha lasciato, conservo con commozione il ricordo della sua luminosa dignità e le parole che mi ha consegnato.

Attraverso i suoi racconti ho conosciuto il dramma di quel piccolo paese di pastori, occupato dai nazisti in ritirata subito dopo l'armistizio dell'8 settembre 1943.

In ottobre i tedeschi entrarono in città e insediarono un ospedale militare nella scuola, buttando dalle finestre i banchi e il resto dell'arredamento scolastico. Poi tagliarono quasi tutte le piante del paese per mascherare i loro automezzi.

Nelle settimane che seguirono si diedero alla razzia di bestiame.

L'anziano che mi ha raccontato questa storia, all'epoca era bambino e viveva con la famiglia in una povera casa contadina. Non possedevano, come altri, un gregge di ovini, ma vivevano del frutto della loro terra e facevano affidamento per sostentarsi sull'allevamento di un unico maiale che, una volta macellato, avrebbe sfamato la famiglia per un anno intero.

Quel giorno i nazisti, dopo aver depredato del loro gregge altre famiglie di Capracotta, si diressero anche verso la casa del mio interlocutore che si trovava da solo insieme alla madre. I militari perlustrarono la casa rendendosi conto che l'unico possedimento di un qualche valore della famiglia era il maiale che razzolava in cortile e non esitarono a prenderlo.

L'anziano, dopo più di sessant'anni da quell'evento, ancora piangeva nel raccontarmi come la madre si fosse messa sulla strada degli occupanti, tentando con tutte le sue forze di opporsi al furto del maiale, rischiando la sua stessa vita. Lui era rimasto nascosto come gli aveva intimato la mamma, ma, dopo tutti quegli anni, poteva ancora sentire le urla della donna come pugnalate nella carne.

Mentre mi parlava, ho immaginato quella madre che rientrava in casa, tentando di asciugarsi le lacrime, per rimanere forte di fronte al figlio a cui, nei mesi successivi, non sapeva cosa avrebbe dato da mangiare.

Tornato ad Ascoli dopo quella trasferta di lavoro, avevo deciso di prendermi alcuni giorni di riposo da passare con i miei figli. Vedere gli occhi pieni di lacrime di quell'uomo era stato come essere preso e scosso per le spalle, risvegliato da un torpore in cui mi stavo accomodando. Avevo bisogno di ricordarmi cosa avesse davvero valore nella mia vita.

Dopo la mattinata all'eremo, con in testa le parole di padre Roberto e il volto dell'anziano preside, abbiamo deciso di fare una passeggiata verso un luogo che i frati ci avevano descritto come magico, quasi incantato. Avevo bisogno di immergermi dentro la natura, ne sentivo la necessità.

A un'oretta di cammino da Poggio Canoso, sorge il Santuario della Madonna della Consolazione di Montemisio. Nonostante si trovi a pochi chilometri dall'eremo, le diverse correnti che discendono dal Monte Ascensione hanno determinato una maggior fertilità del terreno, tanto che è possibile notare un brusco cambio di paesaggio: dalle terre ruvide e incolte che circondano il convento si degrada dolcemente in un'area rigogliosa, punteggiata da coltivazioni di olivi. La luce stessa del sole era diversa, sembrava più accesa e probabilmente lo era.

Ho deciso di visitare il santuario anche in virtù della sua storia, che affonda le radici nel Medioevo, quando i monaci benedettini di Farfa decisero di costruire una chiesa sulle rovine di un tempietto pagano dedicato ad Artemide. La chiesa divenne sede del culto della Madonna della Tempera, il termine usato per indicare l'acqua piovana necessaria a irrigare i campi. Un anno in cui la siccità era stata impietosa e i campi stentavano a dare frutto, i contadini dei dintorni, stremati dalla fame, fecero una lunga processione, portando sulle spalle la statua della Madonna della Tempera. Si racconta che, non appena il lungo corteo si mosse stancamente verso il santuario, dal cielo scesero le prime gocce e, per giorni, non smise di piovere. Da allora la processione si tenne ogni anno e, col tempo, mentre la società contadina andava svanendo, la Madonna della Tempera fu ribattezzata Madonna della Consolazione.

Anche oggi centinaia di pellegrini accorrono al santuario da tutta Italia ma, a differenza di prima, nessuno di loro chiede la benedizione della pioggia, molti cercano invece consolazione, un balsamo per ferite profonde e spesso invisibili.

Entrando nel giardino del santuario, ci aspettavamo di vedere una cosa bella, ma la realtà superava di gran lunga la nostra immaginazione. Varcato il cancelletto, sembrava di essere dentro un piccolo Eden: tutto era curatissimo e deserto, ho sentito lo zampillare della grande fontana e ho pensato a quell'acqua "umile, utile e preziosa" che i miei antenati avevano chiesto salendo lassù. C'erano piante rigogliose, fiori e uccellini che cantavano e svolazzavano: tutto, ma proprio tutto era curato nei minimi particolari.

Sembrava non esserci nessuno e così, io e Domenico, ci siamo avventurati nella chiesetta che si intravedeva dalla porta socchiusa. La piccola navata in stile settecentesco profumava di vernice fresca poiché, come avremmo scoperto presto, era appena uscita da un restauro profondo a causa dei danni del terremoto del 2016.

Uscendo dalla chiesa, ci ha colpito la vista di una quercia maestosa e sofferente che campeggiava al centro del giardino. Avvicinandosi si poteva sentire un ronzio diffuso, come se l'albero fosse abitato da migliaia di insetti.

Mentre, ammirati, esaminavamo l'albero, di fronte a noi è comparso un vecchio cane e, dietro di lui, il suo padrone, un signore sulla cinquantina che portava al collo il Tao francescano. Ci si è presentato come frate laico e custode del santuario.

«Vivi qui da solo?».

Guardandoci intorno pareva incredibile che il grande giardino, rigoglioso di ogni genere di piante fiorite, fosse curato da una persona sola. Quasi cogliendo la nostra meraviglia, l'uomo ha risposto con un sorriso umile: «Sì, cerco di darmi da fare. Questo posto è importante per tante persone e mi impegno per custodirlo al meglio. Ogni cosa deve essere in armonia con il tutto, io ho fatto questo negli anni, ho cercato l'armonia di ogni cosa. Sono arrivato qui una decina di anni fa, per caso. Me ne sono innamorato, era completamente abbandonato, ma sono riuscito a vedere la bellezza che questo posto nascondeva. Ho lavorato tanto, sentivo che dovevo portarla alla luce, sentivo che dovevo far risplendere questo luogo. Doveva essere una testimonianza, doveva parlare senza parole, nel linguaggio universale della natura che non conosce razza o colore. Il linguaggio della bellezza naturale non può lasciare indifferenti. Nella bella stagione, a volte, vengono anche in centinaia. D'inverno invece siamo sotto metri di neve e non c'è nessuno, le giornate diventano lunghe, ma io ho lui a farmi compagnia» ha detto indicando il piccolo cane che ci stava annusando e salutando alla sua maniera.

L'uomo ci ha anche spiegato che l'albero che ci sovrastava aveva 600 anni ed era registrato tra le querce monumentali delle Marche. Si trattava, a tutti gli effetti, di un sopravvissuto. Nell'Ottocento, per ottenere il legname necessario ai lavori della ferrovia adriatica in costruzione, il bosco che circondava la chiesa era stato smantellato e i taglialegna avevano iniziato ad abbattere anche la quercia, quando un manipolo di contadini si era sollevato in sua difesa, pregando il loro parroco di salvare almeno quell'albero pluricentenario perché continuasse a regalare la sua ombra salvifica durante le lunghe processioni al santuario.

L'immagine dei contadini schierati di fronte a quell'albero maestoso, pronti a ergersi contro l'accetta dei taglialegna, mi ha affascinato.

Quando il custode ci ha lasciati sotto la quercia, unica superstite di un intero bosco, mi sono trovato a chiedermi cosa sono disposto a fare per difendere la mia vita, qual è il nucleo che non voglio venga intaccato dal logorio del quotidiano e dalle pressioni della società.

«In fondo, la differenza tra la povertà materiale e quella spirituale, tra l'esasperato bisogno della pioggia o la ricerca di una consolazione che manca alla vita di tutti i giorni, sta nella perdita della capacità di dare il giusto valore alle cose» ho detto a Domenico, avvicinando il palmo della mano al grande albero che, percorso dal moto di formiche e api, pareva vivo.

Ho pensato allo spaesamento che doveva aver provato la comunità di frati nel tornare dall'Etiopia quando, coi sorrisi dei bambini a cui mancava tutto ancora negli occhi, si era trovata a rispondere a quel fitto reticolo di povertà generate da una società che ha dimenticato l'essenziale.

Grandi personalità della Storia, come san Francesco e Buddha, all'inizio del loro cammino da uomini adulti, hanno scelto di spogliarsi di tutto, di rinunciare ai beni terreni e ai legami famigliari per intraprendere il sentiero più leggeri e consapevoli, da uomini liberi.

«Credi che sia necessario spogliarsi di tutto, come Francesco, per tornare a dare valore alle cose? Per riavere lo sguardo di quel bambino di Capracotta verso il suo unico maiale?».

Domenico ha guardato il custode che, chino sulla nuvola violetta di una campanula, stava bagnando con cura le piante del giardino.

«Non credo che la scelta debba essere per tutti così radicale. Forse basta essere come quei contadini, o come il custode: dare valore all'ombra, all'acqua che zampilla, perché sono cose preziose e, soprattutto, non nostre. Ci vengono date, chissà da quale profondità dello spazio e del tempo, e noi possiamo solo prendercene cura. Credo sia questa la povertà a cui puntava Francesco e che oggi si è persa».

Non ha senso fare discorsi nostalgici, la disperazione provata dalla madre dell'anziano preside è qualcosa di lacerante, che va combattuto con tutte le nostre forze.

Dobbiamo ringraziare ogni giorno di esserci affrancati, anche grazie ai sacrifici di intere generazioni di antenati, da quel tipo di povertà che ci fa tremare per la nostra sopravvivenza e per quella dei nostri figli. Tuttavia, anche in nome di questa gratitudine, dovremmo impegnarci a combattere le nuove povertà che possono sorgere in questa situazione in cui tutto sembra a portata di mano.

Goethe diceva: "Ciò che avete ereditato dai vostri antenati, guadagnatevelo". E davvero non possiamo adagiarci sulle conquiste di altri, ma dobbiamo combattere ogni giorno per meritarci la libertà e il benessere in cui viviamo, senza darlo per scontato.

Il rischio, che oggi sta diventando realtà, è che la miseria materiale sconfitta si trasformi in qualcosa di più subdolo e interiore, difficilmente riconoscibile, articolandosi in una nuova declinazione di povertà spirituali.

C'è innanzitutto un rischio di povertà nella relazione con noi stessi: la rincorsa a riempire il tempo, che comincia sin dalla più tenera infanzia, ci ha tolto lo spazio di silenzio necessario a chiederci chi siamo e cosa vogliamo veramente. Rischiamo di diventare dei contenitori vuoti da colmare, di volta in volta, con le esperienze più scintillanti – viaggi, serate, acquisti da mostrare sui social per convincere noi stessi e gli altri di essere qualcuno. Siamo diventati impietosi verso la nostra persona, chiediamo a noi stessi di soddisfare canoni estetici e sociali che non ci appartengono e pretendiamo di nascondere le parti di noi che riteniamo fragili o ingombranti come smagliature, rughe, cicatrici che ci ripugnano. Ma così diventiamo ogni giorno più poveri di quello che è il nostro tesoro più prezioso, ciò che ci rende unici, irripetibili, difformi da tutto il resto.

Noi siamo già qualcuno, siamo creature meravigliose con infinite pieghe che non vanno riempite o nascoste, ma conosciute e valorizzate. Per riscoprirle occorre sottrarre, fare spazio: all'inizio può essere difficile rinunciare alla soddisfazione immediata di scorrere notizie e gossip sui social, prima di addormentarsi, quasi fossero il ciuccio per un bambino, e rimanere invece fermi, in silenzio nel buio, chiedendosi cosa ha portato la giornata passata, cosa vogliamo trattenere perché ne riconosciamo il valore.

Se lo si fa per una settimana, un mese, si può crescere nella consapevolezza di sé, imparare ad abitare il proprio corpo come una persona tutta intera e non una maschera dipinta dall'esterno, dalla società che ci vuole nell'uno o nell'altro modo.

Lo sentiamo che ci manca questo spazio, e a volte tentiamo di ricercarlo, in un'ora di meditazione o in una lunga passeggiata nel bosco. Ma il rischio è che diventi anche questa un'esperienza da consumare e postare su Facebook, per poi sostituirla rapidamente con altro. Invece la frequentazione di se stessi, negli spazi e nei luoghi che più ci sono consoni, richiede un percorso costante, duraturo. È come dare appuntamento a qualcuno che vogliamo conoscere meglio perché ci ha attratto.

Cosa ne sarà dell'amore se non impariamo ad amare chi siamo veramente?

Pavese diceva una cosa molto vera, che credo tutti possiamo sperimentare nelle nostre relazioni: "Tu sarai amato il giorno in cui potrai mostrare la tua debolezza, senza che l'altro se ne serva per affermare la sua forza".

Ma quanto si impoveriscono le relazioni se siamo i primi a nasconderci, a reprimere il nostro vero io che è forte ma insieme anche fragile?

L'altro rischio è quello di impoverire il nostro rapporto con gli altri.

Se siamo impietosi con noi stessi, tentando di uniformarci all'opinione corrente, ancora più violenza emerge nei rapporti che intratteniamo ogni giorno. Basta aprire qualsiasi social per sorprendersi di fronte all'impossibilità di tollerare la differenza dell'altro, del suo stile di vita, della sua opinione. Pretendiamo che l'unica ragione sia la nostra senza cogliere la ricchezza che si nasconde nella diversità.

Fenomeni come il bullismo online, che hanno avuto tragici esiti tra i giovani, partono dal nostro sguardo livellatore di adulti verso chi non risponde esattamente ai nostri canoni.

In questo modo, mentre l'inquinamento e i cambiamenti climatici indotti dall'uomo rischiano di compromettere per sempre la biodiversità del Creato, nel nostro piccolo operiamo la stessa forza distruttrice sugli altri, pretendendo di creare una piccola comunità di cloni di noi stessi. Ma così stiamo prefigurando quegli scenari apocalittici (purtroppo già accaduti nella Storia) in cui distese di uomini con la stessa uniforme si inchinano, identici, di fronte allo stesso idolo.

Il modo più semplice per evitare la fatica di fare i conti con la differenza dell'altro è concepirlo come oggetto di consumo.

Mi aveva colpito un'immagine provocatoria che circolava tempo fa raffigurante un uomo intento ad aprire la scatola di un acquisto online che conteneva una donna da montare, come se fosse un mobile.

È un'immagine violenta che rende perfettamente l'idea del rischio che stiamo correndo: se l'altro è nostro, se è "come lo vogliamo noi", non dobbiamo più fare sforzi, ci illudiamo di aver risolto qualsiasi asperità del rapporto. Quando l'altro mostrerà la sua differenza, percepita come una crepa, come un guasto, faremo sempre in tempo a buttarlo via o a rispedirlo al mittente.

In questo modo ci sembra di non perdere niente e invece perdiamo tutto. Perdiamo il nucleo stesso del rapporto, che è un percorso di fatica e di bellezza, proprio come quando ci avventuriamo su un monte o in un bosco: ogni angolo nasconde una sorpresa ma anche il rischio di cadere, di perdersi o una sfida che necessita tutto il nostro impegno.

La via del consumo, invece, sembra più semplice, rapida, immediatamente disponibile. Eppure, dietro questa maschera allettante, è proprio questo impulso a consumare il vero volto della povertà contemporanea che logora il rapporto con noi stessi, con gli altri e con le cose.

Pensiamo al nostro rapporto con le cose. Anziché protenderci verso di loro, desiderosi di conoscerle, ce ne appropriamo, sfruttandole e sostituendole a piacimento.

È come se considerassimo tutto al nostro servizio, il Creato, gli oggetti, i nostri simili, ma così rischiamo di diventare re seduti su un trono di rifiuti, in un regno di cose e persone scartate come involucri perché ci sono venute a noia, nella nostra infinita bramosia di novità.

Dietro tutto ciò si nasconde una percezione distorta: il mondo è un oggetto che ci appartiene.

Pensiamo a quanto sta accadendo alla foresta amazzonica che, da anni, viene distrutta e saccheggiata, con migliaia di alberi abbattuti e vaste aree di natura incontaminata che spariscono sotto i nostri occhi. Ogni giorno una parte di habitat, dove popolazioni indigene e specie animali in estinzione vivono in armonia, viene cancellata per non tornare mai più.

Il polmone della terra brucia e ad appiccare il fuoco è la convinzione che sia proprietà dell'uomo, che equivalga a qualsiasi oggetto comprabile e vendibile.

Questo approccio all'esistenza, come se tutto ci spettasse di diritto, perché siamo i padroni assoluti del nostro piccolo mondo, ha minato alle radici la meraviglia, la gratitudine, la responsabilità e tutto ciò che dovrebbe permettere una vita buona e felice.

Padre Roberto, parlando dei giovani che incontra, ci aveva riferito dei dati allarmanti, confermati dalle statistiche che riportano un aumento delle depressioni del 52% negli adolescenti e del 63% nei giovani adulti tra il 2005 e il 2017.

È come se una forza distruttrice stesse decimando la passione per la vita in chi, più degli altri, dovrebbe accenderla nel mondo.

In quel piccolo Eden, alle falde del Monte Ascensione, le nostre parole stridevano con il rigoglio delle palme e dei fiori settembrini. Forse era stata l'ombra mutilata di quella quercia, sopravvissuta a un massacro, a indurci a queste considerazioni.

Ho guardato con malinconia i rami inariditi di quel gigante buono e mi sono rivolto al mio amico:

«Secondo te c'è un modo di fronteggiare queste nuove povertà? I frati dell'eremo dedicano la loro vita a questo, ma noi oggi pomeriggio torniamo alle nostre case e domani è un nuovo giorno di lavoro. Cosa ci portiamo con noi?».

La mia domanda è rimasta sospesa perché, proprio in quel momento, ci si è avvicinato il custode del santuario, chiedendoci se volessimo vedere l'edificio che avevano costruito per accogliere i pellegrini in seguito ai gravissimi danni subiti dalla chiesa durante il terremoto del 2016.

Ci ha guidato in un grande capannone moderno, aperto su tutti i lati. La luce della giornata di fine settembre irrompeva in un ambiente spoglio in cui campeggiava un grande altare in travertino, sormontato da una semplice croce. Il custode ci ha raccontato come, grazie alle donazioni, erano riusciti in poco tempo a costruire quell'ambiente; il prossimo passo sarebbe stato chiudere le pareti per l'inverno con delle vetrate da cui poteva passare la luce.

Il terremoto aveva devastato una chiesa centenaria, ma ne aveva generata una nuova, con mura squarciate, come ferite inguaribili da cui passa però la luce di una consapevolezza che può renderci migliori: il mondo non ci appartiene.

È questa la povertà di cuore di cui parla san Francesco, la consapevolezza profonda che nulla è nostro, né il bosco dietro casa, né i nostri figli, né il tempo che ci illudiamo di padroneggiare. Solo questa povertà, che è l'esatto opposto di quelle che abbiamo elencato e che tolgono sapore ai nostri giorni, può restituirci la gratitudine di fronte a una realtà che non ci spetta di diritto, ma è puro dono.

A volte, eventi traumatici, come il terremoto, irrompono nelle nostre vite a ricordarcelo, facendoci apprezzare ciò che davamo per scontato, ma mi chiedo quanto saremmo più felici se riuscissimo a viverla ogni giorno questa consapevolezza, rimanendo spalancati come un capannone senza mura, inondato di luce.

8

Quando tutto vacilla

La speranza è come una strada nei campi:
non c'è mai stata una strada, ma quando molte persone
vi camminano, la strada prende forma.
Yutang Lin

Le cicatrici metalliche sulla parete della chiesa all'Eremo di San Francesco e l'inagibilità del Santuario di Montemisio mi hanno riportato a un evento che ha colpito il nostro territorio solo tre anni fa e che, nonostante l'attenzione mediatica si sia ormai spenta, continua a segnare la vita di moltissime persone.

Il 24 agosto 2016 mi trovavo in escursione sulle Dolomiti, nel Parco di Fanes-Sennes-Braies, con i miei figli. I monti intorno a Cortina d'Ampezzo, che hanno fatto da cornice al primo incontro con mia moglie e al nostro matrimonio, sono da sempre una delle mete preferite delle nostre vacanze di trekking in famiglia. Quella volta, però, Laura era tornata a casa per motivi di lavoro mentre i miei figli e io avevamo programmato di trascorrere tre giorni di escursioni in alta quota, dormendo nei rifugi che punteggiano quell'angolo di Dolomiti.

Quella notte avevamo alloggiato nel rifugio Fodara Vedla sulla Croda Rossa e, all'alba, eravamo stati svegliati dalle marmotte che, numerosissime, affollavano il prato antistante il rifugio, riempiendo l'aria dei loro fischi caratteristici. Ero uscito, a passi felpati, insieme ai bambini, per sorprendere quei meravigliosi animali e godere dello spettacolo delle cime disegnate dai primi raggi di luce.

Per quella giornata avevamo in programma di valicare e raggiungere il rifugio Biella, ai piedi della Croda del Becco. Per buona parte della mattina abbiamo camminato in una zona in cui il cellulare non prendeva e, del resto, sopraffatti dalla bellezza delle Dolomiti trionfanti nel cielo di agosto, non ci siamo neanche affannati a controllarlo. Quando però abbiamo raggiunto il rifugio e ci siamo fermati a bere e rifocillarci, il cellulare ha ritrovato campo.

A una prima notifica di Laura che mi scriveva “Io sto bene”, si sono succeduti un'infinità di messaggi e avvisi di chiamata, nell'ordine del centinaio.

Alcuni ci chiedevano come stavamo, altri davano notizie di sé: non ci ho messo molto a capire che era avvenuto qualcosa di gravissimo. Alle 3:36 del mattino una prima violenta scossa, seguita a breve da altre

300, aveva fatto tremare con atroce violenza la mia terra, radendo al suolo interi paesi come Accumoli, Amatrice, Arquata e tante meravigliose frazioni circostanti, provocando 299 morti e costringendo 41.000 abitanti fuori dalle loro case.

Il terremoto, di magnitudo 6, avrebbe continuato per mesi a devastare con le scosse di assestamento gli stessi territori che aveva messo in ginocchio.

Subito abbiamo chiamato Laura, apprendendo con sollievo che parenti e amici stavano bene e che la nostra casa aveva retto all'urto.

Nel viaggio di ritorno ho realizzato, con emozioni contrastanti, tra il sollievo e l'incredulità, come solo due anni prima, nel ristrutturare la nostra casa, il giovane ingegnere a cui ci eravamo rivolti ci avesse dato la possibilità di ottenere una massima resa antisismica.

All'epoca, di fronte all'ulteriore spesa che ci era stata prospettata, non avevo immediatamente acconsentito e mi ero lasciato convincere in extremis, dopo un'attenta riflessione. Ammetto che, come molti amici nell'acquisto delle loro abitazioni, nonostante sapessi che il nostro era territorio sismico, la solidità della struttura non era stato il primo requisito a cui ho badato, facendomi invece distrarre da elementi di comfort e di estetica più superficiali.

Mentre guidavo, di ritorno verso Ascoli, in una casa che, grazie a quei consigli, si era dimostrata sicura, mi sono trovato a pensare, quasi con rabbia verso me stesso, al nostro assurdo dare per scontate le cose più sostanziali.

Nei mesi successivi, anche la vita di chi non era stato duramente colpito perdendo affetti, abitazioni, attività, ha dovuto confrontarsi con la messa in discussione del quotidiano come lo avevamo conosciuto. Dalla chiusura delle scuole ai problemi di approvvigionamento dell'acqua, il terremoto aveva colpito il nostro territorio al cuore.

Le scosse si sono avvicendate nei mesi a seguire, dando anche a chi era rimasto nella propria abitazione un senso costante di provvisorietà. Abbiamo imparato a riconoscere i segnali anticipatori della terra che trema, lo spostamento dell'aria che si materializza in un vento sottile con una sonorità unica e inconfondibile.

Il terremoto ci ha insegnato che nulla è per sempre, nemmeno l'acqua che, nell'ascolano, pensavamo di possedere in abbondanza grazie alla sorgente del fiume Pescara. Una delle frazioni più colpite è stata proprio Pescara del Tronto, sede della sorgente: qui la montagna si è letteralmente spostata cambiando la direzione della falda acquifera che ha ridotto sensibilmente l'approvvigionamento d'acqua nella nostra provincia.

Riscoprire che nulla è dato per scontato e che in fondo non possediamo niente in modo definitivo, ha sbaragliato le difese materiali e psicologiche, riportando tutto all'essenziale.

Non si tratta di voler vedere per forza il positivo in una tragedia, ma di fatto in quei mesi terribili si è riscoperta una fratellanza tra esseri umani in cui, superando l'individualismo, ci siamo riconosciuti accomunati dagli stessi bisogni fondamentali.

Anche io e la mia famiglia, nel nostro piccolo, abbiamo fatto esperienza di questo ridursi delle distanze fittizie in nome di un minimo comune denominatore.

Sapevamo che molte persone ormai da giorni dormivano in macchina nel piazzale antistante lo stadio di calcio, un grosso parcheggio che, in quei giorni, il dolore e la paura condivisa, lo smarrimento e il senso di impotenza, faceva sembrare più accettabili, perché i cuori di tutti coloro che si ritrovavano lì battevano all'unisono.

Una sera, poco dopo la scossa di agosto, ho deciso di fermarmi a parlare con loro insieme a mia moglie. Volevo conoscerli, confrontarmi con loro e capire di cosa potessero avere bisogno.

Era un gruppo di ragazzi che, solo più tardi, avremmo scoperto giocare nella squadra dell'Ascoli. Avevano deciso di dormire in auto perché terrorizzati dalle continue scosse che, ogni notte, facevano tremare la terra e le loro case, annunciate da quel sibilo inquietante.

Dopo uno sguardo d'intesa con Laura ho deciso di invitarli: «Se volete, potete dormire a casa nostra. Abbiamo posto e dovrebbe essere sicura. Certo le scosse si sentono, balla tutto per qualche minuto, ma è stata costruita in modo da assecondare i movimenti tellurici e non cadere».

I ragazzi hanno ha accettato l'invito e ci hanno seguito fino a casa nostra. I nostri figli, con sorpresa, hanno visto entrare dietro di noi, una dopo l'altra, quattro persone sconosciute e una ragazza con in braccio il suo gattino. Subito anche loro si sono dati da fare per accoglierli al meglio, abbiamo sistemato una coppia nella stanza degli ospiti e l'altra in salotto insieme al loro gattino. Perchè erano così traumatizzati da voler dormire a tutti i costi vicino alla porta d'ingresso per poter scappar fuori in caso di scosse. E, in realtà, proprio quella notte una scossa ha fatto tremare le mura che, come le altre volte, si sono impercettibilmente spostate senza subire danni: nessuno si è spaventato tanto da uscire in strada e, insieme, abbiamo trovato la forza di riaddormentarci.

La mattina dopo, a colazione, è stata un'emozione particolare trovare quattro persone mai viste fino al giorno prima, raccolte intorno al tavolo della mia cucina, coi miei figli che scherzavano e condividevano pane e marmellata con loro. Dopo qualche giorno, i nostri ospiti hanno recuperato il coraggio di entrare nelle loro abitazioni, ma è stato importante per noi, come famiglia, aprire la nostra casa e la nostra vita ad altri, realizzare che avremmo potuto esserci anche noi là fuori per strada, a dormire in una macchina.

Nei giorni successivi ho preso contatti con Cristiana, una collaboratrice di mia moglie che era diventata Presidente della Croce Rossa. In quel momento era lei a capo delle operazioni di soccorso e, per giorni e giorni, ha lasciato il suo lavoro e la sua vita quotidiana per dedicarsi in maniera esclusiva alle popolazioni colpite dal terremoto. In quei giorni persone come Cristiana non hanno parlato, né predicato: c'è sempre nella vita di ognuno di noi un tempo in cui dobbiamo diventare testimonianza.

Le ho chiesto di cosa ci fosse più bisogno, se di soldi o di beni di prima necessità. Lei mi ha risposto che, in una vera e propria gara di solidarietà, avevano ricevuto moltissime materie prime e così tanto denaro da dichiarare lo stop delle donazioni: quello che serviva davvero, al momento, era soprattutto la presenza, stare con chi aveva perso tutto e viveva nelle tendopoli, mangiare con loro, sollevandoli, fosse anche per un'ora, dal costante pensiero del loro assillante presente e del futuro incerto. Così sono andato a Pretare, una frazione di Arquata del Tronto, duramente colpita, posta sul versante meridionale del monte Vettore a 920 metri di altitudine.

Qui, nel freddo serale della tendopoli, ho incontrato gente solida, di montagna, che affrontava con dignità disarmante la precarietà assoluta in cui si era costretti a condurre le proprie giornate.

Appena mi hanno visto, mi sono venuti incontro e hanno iniziato a chiedermi di me, dei posti che avevo visitato con "Linea Verde" e "Linea Bianca", programmi molto seguiti in quei territori. In un primo momento mi sono sentito in imbarazzo a parlare della mia vita e del mio lavoro: erano quelle persone ferite e coraggiose ad avere il diritto di parlare, erano loro che avrei voluto ascoltare. Ma mi sono presto reso conto che quella gente aveva una fame insaziabile di normalità, di bellezza, di storie che la aiutassero a sopportare il grigiore del presente.

Camminando fra i tendoni, per quanto assediati dal freddo, ho sperimentato quello che Gianni Rodari scriveva in una poesia: "Tra le tende dopo il terremoto i bambini giocano a palla avvelenata, ai quattro cantoni, a guardie e ladri, la vita rimbalza elastica, non vuole altro che vivere".

Nei mesi a seguire, confrontandomi con la mia amica della Croce Rossa, ho riscontrato con tristezza come, ogni giorno che passava, l'attenzione dei giornali e di tutto il Paese lasciasse quei territori martoriati, inseguendo le nuove news che costantemente venivano date in pasto ai media, in una corsa folle che non permetteva di conoscere, capire, cambiare nulla.

Se l'attenzione non ha mai sosta, ma sguscia via come la coda di una lucertola, diventa impossibile trattenere una notizia e farla interagire con la propria vita, facendosi ferire. Le tragedie più profonde diventano così una pagina da sfogliare con superficialità, guardando solo le illustrazioni. Pensiamo di essere iperinformati grazie al web, e in un certo senso lo siamo, ma tutto ciò non serve a nulla se non coinvolgiamo il cuore e la volontà, se non scegliamo di fermarci, approfondire e, a volte, persino rispondere all'appello che viene da quelle storie con una scelta concreta di vita. Così hanno fatto in molti nei primi mesi del terremoto: migliaia di volontari si sono messi in viaggio verso il Centro Italia.

Il mio territorio, in quei mesi, ha sperimentato una magnifica solidarietà che ha generato benefici in chi dava e in chi riceveva aiuto.

Ho visto coi miei occhi i volontari ringraziare le stesse persone che avevano aiutato, uomini e donne che avevano perso tutto tranne la sete di vita e la percezione dell'essenziale, una spinta che li faceva continuare a vivere e costruire.

Ma lentamente le luci si sono spente, una dopo l'altra, lasciando le macerie ancora da smaltire, le case disabitate da mettere in sicurezza, e un senso di abbandono diffuso e lacerante.

Molti non ce l'hanno fatta e sono andati via, cercando un luogo in cui ricominciare.

Certo non sono mancate le storie di eroiche resistenze, come quella di Biagio, un giovane pastore di Spelonga che ho intervistato in una puntata di "Linea Bianca".

Spelonga è una frazione di Arquata a 946 metri di altitudine in cui Biagio, anni prima, con tutti i suoi risparmi, aveva comprato una casa piuttosto costosa. Gli ingegneri gli avevano assicurato che l'investimento era giustificato dal fatto che l'abitazione, perfettamente antisismica, avrebbe resistito a qualsiasi terremoto. Molti in paese lo prendevano in giro per una spesa che sembrava eccessiva.

Dopo il terremoto e la completa distruzione di Arquata e delle sue frazioni, il pastore è stato uno dei pochi a poter rimanere nella propria casa in cui ha accolto molti sfollati, mettendo tende e roulotte in giardino per ricavare altro spazio.

Questo giovane, che nel terremoto aveva perso alcuni amici e le strutture che servivano alla sua attività, ha deciso tenacemente di rimanere a Spelonga, insieme alle sue pecore. In questi anni ancora combatte per la costruzione di nuove stalle, ritardata da vincoli burocratici.

Durante la puntata ho sponsorizzato le forme di formaggio che, malgrado tutte le difficoltà, continua a produrre, pervicacemente convinto che la sua terra ferita debba rinascere e dare frutto.

La resistenza, la presenza costante è, insieme all'attenzione, qualcosa a cui siamo sempre più disabituati.

Per questo la storia dei frati dell'Eremo di San Francesco nei difficili mesi del terremoto risulta ancor più incredibile.

Il 24 agosto del 2016, mentre mi trovavo sulla Croda Rossa, i 17 frati che abbiamo conosciuto dormivano profondamente nel loro convento, ristrutturato da poco. Erano giornate pesanti: si erano insediati in loco meno di un anno prima e i lavori da fare, per rimettere in piedi l'eremo e avviare l'azienda agricola, erano ingenti e faticosi.

Forse per questo molti di loro, distrutti dalla giornata di lavoro, non hanno sentito il sibilo del vento e la terra che si squarciava. Padre Roberto e altri che si sono svegliati insieme a lui hanno trascinato fuori chi dormiva, scuotendolo dal sonno.

Per fortuna, come era successo a me, anche nel loro caso, in sede di ristrutturazione, un ingegnere aveva consigliato di non risparmiare sulle operazioni necessarie a rendere la struttura a prova di terremoto. Quegli uomini, abituati ad andare al cuore delle cose, l'avevano ascoltato e ora erano sani e salvi nel cortile, tutti e 17, appoggiandosi l'uno all'altro mentre la terra tremava e le pareti della chiesa e del convento, pur resistendo, venivano attraversate da crepe sottili.

Nei giorni a seguire i frati avrebbero potuto trovare ospitalità in altre strutture ecclesiastiche o da amici che si erano offerti, ma hanno deciso di rimanere a custodire l'eremo, dormendo in due roulotte regalate loro dai parrocchiani. Le scosse, infatti, si ripetevano quotidianamente e non era sicuro tornare a dormire nel convento.

Nei mesi del terremoto, nonostante vivessero in condizioni precarie e dovessero occuparsi del restauro della chiesa, i frati si sono organizzati come un vero e proprio esercito per rispondere a tutte le esigenze delle popolazioni colpite.

Due di loro, a turno, si recavano quotidianamente nell'obitorio dell'ospedale di Ascoli Piceno, offrendosi di accogliere i corpi delle vittime e lavarli prima che fossero presentati ai parenti per il riconoscimento. Questo gesto potente e necessario dava corpo alle parole del Santo a cui si ispiravano che era stato tanto ardito, nel suo afflato di comunione con il Creato e i suoi cicli, da chiamare la morte "nostra sorella".

Altri frati partivano invece di buona mattina per le tendopoli di Pescara del Tronto dove svolgevano tutte le mansioni che di giorno in giorno si rendevano necessarie, oltre a portare conforto spirituale e a giocare coi bambini, distraendoli mentre i genitori muovevano i primi faticosi passi nella loro nuova condizione.

In quei mesi i frati dell'eremo sono stati infermieri, psicologi, aiuti domestici, baby-sitter e conforto per i parenti dei defunti.

La sera, distrutti, tornavano alle loro roulotte, dove cadevano nel sonno, ammassati in pochi centimetri, l'uno vicino all'altro. E all'alba bisognava comunque tornare dalle capre e dalle mucche, che richiedevano il cibo e la mungitura quotidiani.

Nell'inverno tra il 2016 e il 2017, poi, una nevicata anomala, come una beffa del cielo, ha sommerso l'ascolano e molti territori colpiti dal sisma. Centimetri e poi metri di neve si sono depositati sulle strutture pericolanti, facendole cedere ulteriormente e isolando gli sfollati. È diventato impossibile raggiugere tutte le frazioni, esasperando gli abitanti già esausti dopo mesi di paura, freddo e precarietà.

In quegli stessi giorni si sono susseguiti atti di eroismo quotidiano da parte chi, a dispetto del terremoto e dal maltempo, ha continuato a combattere per la vita.

Uno di questi instancabili eroi è il mio amico Roberto, un poliziotto, che venendo a sapere di alcune persone bloccate a Funti, una delle frazioni più colpite, ha deciso di raggiungerle.

Il maltempo, infatti, non solo aveva isolato il paese ma aveva interrotto anche l'elettricità e la possibilità di usufruire di acqua calda, mettendo potenzialmente in pericolo persone fragili come gli anziani e i bambini.

Roberto, che era allenato e preparato per simili operazioni di soccorso, ha preso tutta l'attrezzatura necessaria e ha coperto gli sci in modo da poter procedere per diversi chilometri, anche se a fatica, sulla coltre di neve. Arrivato a Funti prima degli altri soccorritori, il mio amico si è trovato di fronte a un muro bianco: nessun punto di riferimento dell'abitato era riconoscibile e, delle case, spuntavano solo angoli e sezioni parziali. Senza farsi disorientare, Roberto si è addentrato nelle vie, annaspando nella neve, e trovando finalmente le abitazioni in cui erano imprigionate alcune famiglie, tra cui una coppia con una figlia neonata.

Lasciandosi andare a un abbraccio liberatorio, le famiglie sono state salvate da quell'incubo bianco e immediatamente trasferite ad Ascoli, in attesa che le proprie case tornassero agibili.

Anche l'Eremo di San Francesco, posto in una conca con un clima particolarmente freddo, in quest'occasione è stato letteralmente sommerso dalla neve che è arrivata quasi a 2 metri. I frati sono rimasti al loro posto, semplicemente spostando la sveglia ancora prima, in modo da farsi strada nella coltre bianca, preservando il convento da nuovi danni e raggiungendo i parrocchiani che si sentivano abbandonati, circondati da un muro di gelo.

Nei giorni che abbiamo trascorso all'eremo, padre Roberto e i suoi ragazzi ci hanno raccontato questa storia di resistenza con una semplicità disarmante, come se si trattasse di qualcosa di naturale. E, in effetti, il terremoto, come la neve, sono fenomeni che possiamo classificare come naturali: da millenni l'uomo non può far altro che correre ai ripari, costruendo in un certo modo e prendendo accorgimenti di fronte a qualcosa di ineluttabile.

Quando la terra trema sotto i nostri piedi, quando persino ciò che credevamo più stabile, il suolo sotto di noi, non ci sorregge, diventa evidente che esiste qualcosa di più grande, qualcosa che non possiamo in nessun modo prevedere o controllare.

Le nostre piccole vite vengono scosse dalle fondamenta e, insieme a esse, anche i punti di riferimento che credevamo più fermi, quasi immortali.

Come scrisse il poeta Giacomo Lubrano dopo il sisma di Napoli del 1688, "Spesso atterra le nostre eternità breve terremoto": in un minuto crollano monumenti costruiti nei secoli grazie allo sforzo di interi popoli. Pensiamo al crollo della Basilica di San Francesco, nel 1997, e della Basilica di San Benedetto che, tutt'oggi, giace squarciata a Norcia dopo il terremoto del 2016.

I luoghi simbolici dei due Santi più importanti nella storia del nostro Paese sono stati feriti al cuore e solo anni di minuziosi restauri potranno restituirci, in parte, qualcosa che pensavamo sarebbe stato nostro per l'eternità.

Nei giorni che seguono ogni sisma, dopo l'urgente e disperato salvataggio delle vite umane imprigionate sotto le macerie, altri eroi si avventurano in chiese, musei ed edifici pericolanti per recuperare oggetti antichissimi, cari alla memoria di popolazioni che hanno già perso tutto.

Statue devozionali, crocifissi medievali e opere d'arte di diverse epoche vengono recuperati da équipe esperte e custoditi in grandi depositi, come quello spoletino di Santo Chiodo, che ospitano più di 17.000 oggetti d'arte sopravvissuti al sisma.

Quando la terra vacilla diventa impossibile evitare domande che la vita distratta di ogni giorno ci fa cludere: cosa ci sta a cuore? Cosa vogliamo salvare a ogni costo? Dove risiede la nostra memoria?

Il terremoto, come la morte, è un evento naturale ma anche scandaloso, perché ci sottrae affetti, sogni, futuro. Eppure, le persone colpite hanno qualcosa di prezioso da dare, un piccolo tesoro sconosciuto a chi conduce la sua vita di tutti i giorni quietamente, nel benessere: me ne sono accorto io stesso in occasione della visita a Pretare, e come me lo hanno riscontrato i frati in missione a Pescara del Tronto e i volontari che sono venuti nelle nostre zone.

Un evento traumatico che mette tutto in discussione riporta le nostre vite alla loro dimensione più semplice e nuda, all'essenziale. Il terremoto segna un'ora X da cui, in futuro, sarà impossibile prescindere: da quel momento in poi, nella scelta di una casa si valuterà immediatamente la struttura, ben prima degli optional, e allo stesso modo, in ogni piccola scelta, si andrà subito al cuore, alla sostanza.

Molti eventi nelle nostre vite hanno il tragico impatto di un terremoto: un lutto, una malattia, la perdita del lavoro. Sono momenti in cui crollano tutte le illusioni e percepiamo quanto la realtà non sia nostra: all'inizio ci sentiamo in balia di una forza sconosciuta, in caduta libera, ma poi, come su una parete rocciosa, iniziamo a intravedere gli appigli che possono aiutarci a risalire, li vediamo con più chiarezza, sappiamo discernere meglio di prima quali sono saldi e quali invece sono appoggiati superficialmente, destinati a cadere.

Sviluppiamo una vista che scova immediatamente gli orpelli, le contraffazioni e procede per sottrazione, arrivando alla semplicità assoluta in cui cose e persone si offrono per quello che sono e ci fanno vibrare di gratitudine per la loro mai scontata presenza.

9

La semplicità del lupo

Tutti conosciamo la versione di Cappuccetto Rosso e nessuno conosce quella del lupo. Forse ci parlerebbe di solitudine e di orgoglio, di lune favolose e di boschi cancellati dagli uomini.
Fabrizio Caramagna

Dopo la visita al Santuario di Montemisio, siamo rientrati all'eremo dove i frati ci aspettavano intorno al lungo tavolo per consumare l'ultimo pranzo insieme.

Ci ha accolto il solito chiacchiericcio gioioso e il profumo di un ottimo risotto agli asparagi.

Terminato il pasto, è venuto il momento di salutarsi e ringraziarsi a vicenda per il tempo passato insieme. Ho regalato una copia di *Kalipè. Lo spirito della montagna* a fra Marco, spronandolo a coltivare la sua passione per la roccia.

Infine, insieme a Domenico, mi sono diretto alle nostre stanze per recuperare gli zaini e le bacchette da trekking.

Sulla strada, però, mi sono fermato a salutare il lupo del convento che, disteso al sole, ha drizzato le orecchie appena ha sentito i miei passi. Si è alzato, sedendosi sulle zampe posteriori e rimanendo immobile a guardarmi, con apparente indifferenza. I frati mi avevano detto più volte che ultimamente si era mostrato aggressivo nei confronti dei pastori maremmani e andava trattato con prudenza. Mi sono avvicinato lentamente e gli ho tributato un saluto muto, guardandolo negli occhi con rispetto per proseguire poi verso il mio alloggio.

Qui ho trovato Domenico che finiva di riempire il suo zaino. A un certo punto ha scosso la testa sorridendo e ha tirato fuori da una tasca una scatola, per mostrarmela. Non riuscendo a capire di cosa si trattasse, ho letto l'etichetta e ho capito che conteneva petardi scacciacani. Ho guardato il mio amico con stupore, senza comprendere cosa volesse dirmi.

«Massi, come sai, sono abituato ad andare in montagna anche da solo, senza paura. Però, questa volta, qualche giorno prima di iniziare la camminata, sono andato a vedermi bene il percorso e la zona. Ho visto che è una zona molto selvaggia, battuta da cinghiali e lupi. Così, la mattina prima di incontrarci e partire, sono passato in una piccola armeria e ho comprato dei petardi, nella convinzione di vincere la mia paura. Non te l'ho detto perché a mano a mano che continuavamo il cammino ho iniziato a vergognarmene un po'. Quando, dopo il torrente, abbiamo incontrato i cani randagi che ci hanno accompagnato per un tratto, tenendosi a distanza, ho capito che era solo una difesa psicologica, una delle tante che ci costruiamo prima di entrare in contatto con la natura e con gli altri».

Ho guardato i petardi con un sorriso di comprensione.

«In fondo, un lupo lo abbiamo incontrato davvero» gli ho detto mentre riponeva le cartucce e richiudeva lo zaino.

Ho pensato che in quella scatola c'erano anche tutte le mie ritrosie del giorno prima, la diffidenza dell'anziano incontrato sui calanchi, le scuse che ogni mattina ci diciamo per rimanere chiusi nella nostra zona di comfort: tutte insieme come pallottole spuntate dalla forza della realtà, dal richiamo magnetico della natura.

Camminando verso la macchina dei frati che ci avrebbe riaccompagnato a casa, ho visto di nuovo la sagoma del lupo siberiano che svettava, immobile, nella stessa posizione in cui lo avevo lasciato.

In quel momento, ispirato dall'episodio con Domenico, ho capito che nei brevi sguardi che mi ero scambiato in quei giorni con il lupo risiedeva lo spirito di quello che avrei voluto comunicare nel mio secondo libro.

Subito, vedendo fra Gaetano che camminava verso la stalla, gli sono corso incontro: "Fra Gaetano, aspetta. Volevo chiederti il permesso di fare una foto con il tuo lupo… vorrei usarla per la copertina del libro. Dici che si può fare?".

Il frate, stupito, non ha avuto nulla da obiettare e ha dato la sua disponibilità a presenziare per tenere calmo il lupo tutto il tempo che fosse stato necessario.

Quella sera, cenando in famiglia, ho sentito che qualcosa era cambiato. Come nei mesi del terremoto, o dopo il mio incontro con l'anziano preside di Capracotta, anche questa volta il bosco e i frati avevano tolto, strato dopo strato, la polvere che il quotidiano aveva depositato sopra i miei occhi: vedevo i miei figli e mia moglie per quello che erano, non per quello che volevo che fossero, meravigliandomi della loro presenza.

Di solito sono un padre piuttosto intransigente ma, quella sera, ho dato il permesso a mia figlia Carlotta di trascorrere un sabato fuori casa per incontrare gli amici con cui a luglio aveva condiviso la sua prima esperienza di volontariato in un orfanotrofio della Repubblica Dominicana. Ho pensato che non ci fosse motivo di difendersi e di difenderla da quel sentimento puro di amicizia che era nato facendo del bene agli altri. Mia figlia mi ha ricambiato con un sorriso stupito, felice di poter andare a Milano dai suoi amici anche per un solo giorno, e forse ha pensato silenziosamente che avrei dovuto passare più tempo tra boschi ed eremi.

Anche nei giorni successivi un senso di grata meraviglia ha continuato a pervadermi, tanto che ho deciso di andare, insieme a mia moglie, a una cena che l'eremo offriva a tutti i parrocchiani e a cui padre Roberto mi aveva invitato.

Ho sentito fra Gaetano e mi sono accordato per scattare qualche foto con il lupo prima della cena, approfittando del sole del pomeriggio.

Preparando la macchina fotografica e l'attrezzattura mi sono chiesto perché quell'immagine avesse tanta importanza per me.

Il lupo siberiano del convento appartiene a una razza ottenuta in Cecoslovacchia dall'incrocio tra pastori tedeschi e lupi dei Carpazi. L'idea degli allevatori era di ottenere in un unico animale la forza del lupo e la fedeltà del cane. Ma l'uomo, spesso, si illude di controllare la natura, di imbrigliarla, e negli occhi del lupo di Gaetano qualcosa, inevitabilmente, sfugge, va oltre l'uomo, dichiarando la sua inalienabile indipendenza.

Il lupo, da secoli, è l'emblema di tutto ciò che ci minaccia: nei suoi occhi leggiamo l'odio per la razza umana, nelle sue zanne un'aggressività innata e pronta a colpire.

A prima vista non è troppo diverso da un cane, l'animale che riteniamo il nostro migliore amico, ma il suo non essere addomesticato ci terrorizza.

Il lupo, come le montagne innevate su cui spesso si nasconde, o il vento che sibila tra i larici, non è addomesticabile. Immediatamente richiama alla nostra mente tutto ciò che è selvaggio e che nella nostra evoluzione abbiamo bollato come negativo.

Nella Treccani possiamo leggere che la parola *addomesticato* significa "predisposto artificiosamente in modo da dare i risultati voluti". Questo aggettivo, quando si associa alla vita selvaggia, acquista il significato di inganno e contraffazione; basti pensare allo spettacolo penoso degli orsi o delle scimmie addomesticati.

Ci affanniamo a fare nostro, a sottomettere qualcosa che viene prima di noi e, probabilmente, continuerà a esistere anche dopo, che non ci appartiene e non è riducibile al nostro pensiero, alla nostra volontà.

Il lupo, in fondo, è un simbolo di tutto questo e, se certo può spaventare, ha anche molto da insegnarci.

Lo sa bene il filosofo gallese Mark Rowlands che ha vissuto parte della sua vita vicino a un lupo e ha riscoperto, nel contatto quotidiano e rispettoso con l'animale, il suo io più profondo, perduto sotto le mistificazioni della società. Questo filosofo ha riconosciuto al suo lupo Brenin una sincerità e una semplicità sconosciute agli uomini e ai loro antenati, le scimmie: il lupo, infatti, pur dimostrando grande intelligenza, non ha mai indirizzato questa qualità alla manipolazione dei suoi simili o alla contraffazione.

Semplicità e sincerità sono due caratteristiche profondamente impopolari nella vita sociale fatta di compromessi e salotti, ma nascoste nel cuore di ciascuno di noi. Il lupo è una parte di noi che, se non possiamo lasciare completamente libera, al contempo non dobbiamo nemmeno mettere a tacere e mutilare a costo di una sofferenza logorante.

In fondo, cosa cerchiamo nel profondo dei boschi e nell'alto delle montagne?

Si potrebbe rispondere "la bellezza", ma forse invece andiamo a caccia di ciò che questa bellezza suscita, anzi resuscita: vogliamo ritrovare il nostro io primordiale, semplice, nudo, privato di ogni orpello.

Oggi più che mai sono convinto che il nostro futuro e quello dei nostri figli si giochi tutto fra due estremi, fra due parole: *possedere* e *custodire*.

Possedere è ciò che più fortemente la società del consumo e del benessere vuole da noi. Il desiderio di possedere, la necessità di essere identificati e di identificarsi con ciò che si possiede è il frutto della nostra modernità. Siamo arrivati al punto in cui sono le cose che abbiamo a dirci chi siamo, generando quel processo perverso in cui siamo sempre alla ricerca di qualcosa che, stando alle promesse, sicuramente sarà migliore di quella precedente.

Il mio percorso vuole andare nella direzione opposta, sono convinto che la mia strada sia quella della semplicità che porta alla consapevolezza che non possediamo proprio nulla. Questa convinzione è una menzogna di cui siamo gli artefici e le vittime sacrificali allo stesso tempo.

Solo facendo questo percorso interiore potremmo arrivare a concepirci come custodi del mondo, uomini di passaggio, che hanno il compito, grazie alla loro unicità, di lasciare un segno, di fare in modo che dopo il proprio passaggio nulla sia come prima. Lasciare che il mondo sia migliore di come lo hanno trovato. E il mondo a cui alludo va da un sorriso che cambia la giornata a chi ci incontra, all'intensità di un ascolto: in fondo, tutte le grandi cose iniziano da qui. Il mondo si modifica da dentro, questa è la sola possibilità che abbiamo: capire che noi siamo il cambiamento che vorremmo, non verrà nessuno a modificare lo stato delle cose se non lo facciamo noi stessi.

L'incontro con la nostra parte più autentica, col lupo che è in noi, non è sempre facile come potrebbe sembrare: a volte ci sembrerà brullo, come la pietra nuda, o selvaggio, come gli occhi di un predatore. A volte ne avremo paura perché assecondarlo vorrebbe dire perdere troppo, significherebbe abbandonare le nostre certezze, la nostra voglia di plasmare gli altri secondo i nostri voleri, di manipolare la realtà a nostro piacimento. Ascoltare quest'io così apparentemente feroce significherebbe, infatti, ammettere che la realtà non è nostra, non la controlliamo né possiamo possederla.

Anche il mio incontro con il lupo del convento non è stato semplicissimo.

Quel pomeriggio, prima che i parrocchiani arrivassero per la cena, mi sono presentato da fra Gaetano con tutta l'attrezzatura necessaria, pronto a catturare quell'immagine che doveva racchiudere il senso del percorso fatto sin lì.

Il lupo mi ha accolto con la distaccata fierezza di sempre. Fra Gaetano è rimasto con noi per dargli sicurezza e intervenire qualora necessario, ma il lupo, come abbiamo detto, ha un'indole non addomesticabile che va conquistata di volta in volta, in un rapporto di fiducia. È quello che ho tentato di costruire scatto dopo scatto, non nascondendo una leggera tensione quando l'animale mi ha lasciato il segno dei suoi canini su una mano.

In una delle foto che volevo scattare avrei dovuto stendermi sotto la testa del lupo, per immortalare i nostri primi piani. Mi ha stupito sentire la zampa dell'animale che premeva sul mio petto mentre l'obiettivo della macchina fotografica si avvicinava ai nostri occhi. Per un attimo mi è mancato il respiro, ho pensato che la mia presenza lo stesse infastidendo e avesse deciso di reagire. Poi, però, mi sono accorto che quella leggera pressione della zampa sul petto aveva tutta l'aria di essere un tentativo di difesa: con le orecchie dritte il lupo mi stava difendendo dall'obbiettivo puntato contro di noi come una pistola.

Quella tra di noi, un uomo e un lupo, è stata una lotta e una danza insieme e quando, prima di andarmene a cena, ho salutato l'animale la sua fiera indifferenza aveva lasciato spazio a un'espressione interrogativa, quasi curiosa.

La serata è continuata nello stile d'accoglienza che ormai conoscevo bene. Ai frati e alle famiglie di parrocchiani si sono aggiunte le ragazze della sezione femminile dell'Ordine che abitano in un convento a una ventina di chilometri dall'eremo, sempre sperduto nel verde dei colli ascolani, alle falde del monte dell'Ascensione.

Mi ha stupito la loro bellezza mozzafiato, coniugata a un'energia irrefrenabile e a molti talenti. Una di loro ci ha intrattenuto cantando, sfoderando una voce da professionista che ha incantato tutti i parrocchiani.

Mentre la ascoltavamo rapiti, un frate mi ha informato che quella stessa ragazza era anche cintura nera di kung fu.

Frati scalatori, consacrate combattenti: nella stessa stanza, in quel momento, c'erano personalità forti e complete, giovani di immenso talento che avevano scelto di vivere in quell'angolo recondito di terra.

Mi sono sorpreso a chiedermi il perché di quella scelta controcorrente: in fondo, in un mondo senza ormai nessun confine, avrebbero potuto essere ovunque. Poi il mio sguardo è scivolato sui volti sorridenti dei parrocchiani che assaggiavano i formaggi dell'eremo, sui pesci variopinti dell'acquario e, oltre la finestra, sulla sera che scendeva, animata dall'abbaiare dei pastori maremmani e dai versi altissimi dei pavoni.

Tutto era pervaso da un senso di armonia tra il dentro e il fuori, tra la natura e l'uomo.

Perché quei frati che, come il Santo che li ispirava, volevano parlare all'umanità intera, si erano stabiliti in un angolo di mondo così selvaggio e periferico?

Forse perché ogni mattina, incrociando gli occhi inafferrabili del lupo, potevano avere la piena conferma del fatto che la realtà non era in loro possesso.

Potevano accarezzare la poiana e ristabilire l'antico patto stipulato, secoli prima di loro, proprio da san Francesco.

Tutti noi custodiamo, nella nostra memoria iconografica, l'immagine del lupo di Gubbio che piega la testa di fronte al Santo. Ma se andiamo a leggere nei *Fioretti francescani* come è raccontata la vicenda, scopriamo che non si tratta di semplice sottomissione.

San Francesco, di fronte al lupo che spaventava gli abitanti di Gubbio uccidendo il bestiame e talvolta anche le persone, non ha chiesto muta obbedienza ma la sottoscrizione di un patto.

Si è fatto seguire dall'animale fino alla piazza principale del paese: il lupo, convinto dal carisma del Santo, ha osato varcare sotto la luce del sole i confini del mondo civile, sapendo perfettamente che avrebbe potuto trovare la morte per mano dei cittadini infuriati.

Il lupo, cioè, si è fidato, e così hanno fatto anche gli abitanti di Gubbio, quando san Francesco ha intimato di non uccidere l'animale ma di ascoltare le sue parole.

Con il lupo al suo fianco e tutta la città di fronte, il Santo si è pronunciato in un discorso che oggi sembrerebbe folle: "Frate lupo che è qui dinanzi da voi, m'ha promesso, e fattomene fede, di far pace con voi e di non offendervi mai in cosa nessuna, e voi gli promettete di dargli ogni dì le cose necessarie; ed io v'entro mallevadore per lui che 'l patto della pace egli osserverà fermamente".

Quello che san Francesco ha promesso a Gubbio è stato un patto, un atto di pace tra gli uomini e il lupo. I cittadini hanno riconosciuto che l'animale era qualcosa di diverso e irriducibile a loro, hanno promesso di rispettare questa alterità e, allo stesso modo, ha fatto il lupo.

Questo è il patto che ciascuno dovrebbe fare con la natura, persino la più selvaggia, e con quell'io primordiale che preme da qualche parte recondita del nostro cuore. Il lupo che è in noi ha bisogno di essere ascoltato, nutrito, fatto correre in ampi spazi verdi e su distese di neve.

Ha bisogno di ossigeno e semplicità, non possiamo ingabbiarlo per sempre in un colletto inamidato stretto da una cravatta.

Per questo, nel libro che sta volgendo al termine, propongo di tornare nel bosco, il luogo di elezione del lupo, dove, insieme ai nostri sensi, viene resuscitato anche l'io primordiale. Ma poiché non siamo solo lupo, la semplicità che fiorisce nel nostro silenzio è differente e può portare alla nascita di parole, o di luoghi ruvidi e solitari come gli eremi in cui la natura ci ispira forme e oggetti meravigliosi. Ma questa parte creativa, generativa, che ci rende pienamente umani non può essere riscoperta se non entra in relazione con quell'io primordiale che la natura stessa ci ha donato.

Dobbiamo tornare semplici per poter generare la complessa armonia della vita, dell'arte, delle relazioni. Se ci affidiamo unicamente al nostro cavilloso pensiero razionale, ne uscirà un garbuglio di lamentele e recriminazioni.

Per questo dobbiamo percorrere un cammino che ci permetta di essere completi, di non trascurare nessun aspetto.

Come dicevamo nelle prime pagine, ciascuno di noi può trovare un luogo, a pochi passi da casa, in cui discendere nel verde lucente del bosco e, al contempo, in quello della sua anima.

Nelle prossime pagine accennerò qualche consiglio, regione per regione, di luoghi intensi e puri, oasi del silenzio dove rigenerarci ed entrare in contatto con il nostro io più profondo.

Consiglio di camminare piano, come pellegrini, costantemente attenti alla voce di tutto ciò che ci circonda. Portiamoci un sacchetto per pulire il bosco e una bisaccia per accogliere, passo dopo passo, i suoi doni meravigliosi. Il primo dono è la meraviglia, da cui nascono parole di lode che vanno dritte al cuore delle cose. Poi, nella nostra bisaccia, riporremo anche il desiderio di custodire l'ambiente che si accompagna alla povertà di spirito, alla coscienza che non possediamo nulla.

Infine, saremo pronti a cogliere anche il dono più grande: una semplicità disarmante con cui, al ritorno dal cammino, illuminare i nostri giorni, liberandoci dall'ipertrofia dell'io che offusca la realtà delle cose e delle persone.

Appendice

Invito al cammino

Per rendere ancora più concreto l'invito a immergersi nella natura e raccogliere a piene mani, lungo il cammino, l'attenzione, la meraviglia, la parola, la custodia e la semplicità, nelle prossime pagine elenco brevemente eremi, grotte o semplicemente tratti di cammino nella natura disseminati in tutte le regioni d'Italia.

Sono soltanto piccoli esempi tra i migliaia che potrei fare, per rendere ancora più evidente quel che dicevo nelle prime pagine: il percorso descritto è una possibilità alla portata di tutti, non richiede né ingenti spostamenti, né mesi di preparazione atletica e neppure chissà quale attrezzatura.

Sono sentieri che si trovano dietro casa e si possono rifare spesso, anche ogni mese, in modo da arricchire la propria esistenza con momenti di luce e di respiro che permettano di affrontare il quotidiano con diversa consapevolezza.

Alcuni richiedono più giorni, altri anche poche ore, in modo che sia possibile nella vita di ciascuno ritagliarsi uno spazio, piccolo o grande che sia, da dedicare al proprio sé più profondo.

Non si tratta di una guida puntuale e dettagliata ma solo di spunti, inviti appunto, suggestioni che possono essere approfondite cercando le mappe sul web e controllando che l'escursione faccia davvero al caso nostro per tempistiche e difficoltà.

Si tratta di sentieri che i nostri avi hanno percorso nei secoli scorsi, spesso lasciando traccia di sé e delle loro scoperte spirituali: eremi, abbazie, a volte semplici cappelle sono punti in cui fermarsi per entrare in connessione con un passato che sapeva conferire al silenzio il suo immenso valore.

Abruzzo

Il sentiero dello spirito

Nel Parco Nazionale della Majella c'è un sentiero che ripercorre le tracce dell'eremita Pietro da Morrone, il futuro papa Celestino V che, il 13 dicembre del 1294, fu il primo pontefice ad abdicare per tornare alla sua vita di eremita.

Il sentiero si snoda per 73 chilometri tra i paesaggi mozzafiato del parco e gli eremi remoti nati dall'esperienza di papa Celestino. Per percorrerlo l'ideale è impiegare tre giorni, fermandosi a dormire nei molti rifugi che si trovano strategicamente sul sentiero. Ma, naturalmente, si possono anche scegliere singoli tratti mirati agli eremi che si desidera visitare.

Il percorso parte dalla frazione Badia di Sulmona dove si possono visitare l'Abbazia Celestiniana e l'Eremo di sant'Onofrio.

Inoltrandosi nel bosco, poi, il sentiero raggiunge la cima di Monte Morrone, costeggiando l'Eremo di San Pietro e il borgo di Caramanico Terme.

Il paesaggio cambia poi completamente e conduce alla gola dell'Orfento e alla ripida Rava dell'Avellana, il tratto di sentiero più naturalisticamente rilevante.

Attraversando boschi di faggi sempre più fitti, si arriva infine all'ultima tappa che si chiude con la visita agli eremi di Sant'Angelo e Sant'Onofrio e all'Abbazia di San Liberatore a Majella.

La catena del Gran Sasso

Un percorso di trekking relativamente breve (3 ore e mezzo con 590 metri di dislivello), dal borgo di Santo Stefano di Sessanio alla Rocca Calascio, permette di scoprire alcuni dei luoghi più suggestivi della catena del Gran Sasso, attraversando spazi selvaggi e ampie distese di coltivazioni di legumi, tipiche di queste zone.

Il sentiero passa da Campo Imperatore, sterminato altopiano a 1800 metri di altitudine che regala visuali ariose e il silenzio ristoratore della montagna.

Un sentiero in morbida salita conduce alla scenografica Rocca Calascio, più volte scelta come set cinematografico per la sua bellezza.

L'area, tutta circondata dalla catena del Gran Sasso, è rilevante anche dal punto di vista faunistico, ospitando, tra le altre specie, lupi, cervi, volpi e persino diversi esemplari di aquila reale.

Basilicata

La faggeta di Sasso di Castalda

Uno dei boschi più belli della Basilicata è attraversato da un sentiero dedicato a Pier Giorgio Frassati, un giovane amante della montagna beatificato da Giovanni Paolo II.

Il percorso escursionistico si articola per 22 chilometri partendo dal centro di Sasso di Castaldo (PZ) e raggiungendo la località San Michele, da cui ci si tuffa nella fitta faggeta della Costara. Camminando all'ombra dei faggi si sale sul Monte Arioso, raggiungendo i 1715 metri di altitudine e una posizione ideale per ammirare il panorama.

Discendendo poi verso Fossa Cupa si costeggia un'antica fonte dove, con un po' di fortuna, si possono incontrare diversi esemplari di animali selvatici intenti ad abbeverarsi.

Dopo una piccola salita fino alla Madonna del Sasso, chiudendo il cerchio, si torna in località San Michele, dove è possibile sostare e riposarsi all'ombra di un faggio di 400 anni, considerato il primo della faggeta Costara.

Immergersi nel parco più grande d'Italia

Al confine tra Basilicata e Calabria si trova il parco nazionale più grande d'Italia, quello del Pollino.

L'ospite più illustre che possiamo incontrare in questo parco è il pino loricato, un albero raro e antico, la cui età raggiunge, secondo i ricercatori, i 1200 anni.

Uno dei luoghi più densi di spiritualità del parco è invece il Santuario della Madonna del Pollino, raggiungibile attraverso un sentiero facilmente percorribile che parte da Albanete (1175 metri) e si inoltra in una folta vegetazione di lecci e faggi.

Si arriva poi alle gole di Fosso Iannace che, se non c'è acqua, conviene ammirare dall'alto in tutta la loro maestosità. Attraverso il sentiero delle "Rocce Parlanti" si raggiunge il dirupo di Pietra Iaccata da cui si ritorna per il Sentiero dei Giardini Rocciosi, proseguendo fino al Santuario, in località Mezzana. Qui è possibile godere di una vista meravigliosa che spazia da San Severino Lucano, in lontananza, all'ampia e spettacolare conca tradizionalmente chiamata La Copia. Di fronte si srotolano la Serra del Prete, la Serra di Viggianello, il colle dell'Impiso e, nelle giornate limpide, è possibile scorgere in lontananza il Monte Alpi e il piano del Pollino.

Il santuario, posto a 1537 metri di altitudine, ha origini piuttosto misteriose, ma pare risalga al 1700. La statua di bronzo della Madonna che accoglie i visitatori è stata protagonista, nei secoli, di infinite leggende.

Calabria

L'Eremo di Sant'Ilarione

Nella frazione di San Nicola di Caulonia, in provincia di Reggio Calabria, è possibile, attraverso un sentiero semplice e poco frequentato, raggiungere un eremo antichissimo.

Il percorso parte dal campo sportivo di San Nicola e si snoda attraverso una fitta vegetazione di querce, offrendo incredibili squarci su paesaggi montani e marini.

Costeggiando il fiume Allaro e incontrando sul proprio cammino l'incantevole borgo di Salincriti, si giunge, in 5 ore di lieve ma continua salita, all'Eremo di Sant'Ilarione, fondato da monaci greci intorno al X secolo.

L'eremo, ristrutturato in seguito, sembra un ruvido e monumentale fortino medievale, arroccato su uno sperone di roccia. Oggi è abitato da un monaco eremita francese che accoglie chi vuole godere, insieme a lui, della quiete che domina il luogo, circondato da verdi colline e dallo scroscio delle cascate.

Sentieri dell'Aspromonte

Più a sud, quasi sulla punta dello Stivale, possiamo trovare il Parco Nazionale dell'Aspromonte, un'area protetta nei pressi di Reggio Calabria, ai piedi del massiccio da cui prende il nome. All'interno di questo parco, che si estende per più di 60.000 ettari, è possibile fare molte escursioni. Una delle più note, a portata di tutti, è il cosiddetto "Antico Sentiero dei Greci" che richiede 3-4 ore di cammino.

Il sentiero si prende da Mammola, da cui si raggiunge il passo della Sella, costeggiando il fiume Torbido. Sull'altipiano della Limina si cammina in pianura e lieve salita potendo così godere di incredibili panorami. Si raggiunge infine il Santuario di San Nicodemo del Bosco, a 703 metri di altitudine.

La chiesa fronteggia il monte Kellerana che prende il nome dall'antico monastero bizantino del X secolo di cui è possibile visitare i resti.

Nel X secolo questo luogo era abitato da monaci basiliani e, teatro di miracoli attribuiti a san Nicodemo, era il luogo religioso più importante della Calabria. Il santuario come lo conosciamo oggi è stato invece costruito nel 1500 ed è abitato da un monaco eremita che riceve ogni anno centinaia di visitatori e pellegrini.

Campania

Il Santuario di San Silvestro

In provincia di Avellino, al confine tra le cittadine di Sant'Angelo a Scala e Summonte, alle pendici del monte Vallatrone, sorge una piccola chiesa arroccata su uno sperone di pietra, nota come "Santuario di San Silvestro Papa".

L'edificio, a 900 metri di altitudine, è da sempre meta di pellegrinaggio, soprattutto per via della grotta attigua alla chiesetta da cui, secondo la tradizione, filtrerebbe un'acqua miracolosa.

È possibile raggiungere il santuario attraverso due sentieri: da Summonte parte un percorso pianeggiante e di facile percorrenza, mentre la via che congiunge il santuario al comune di Sant'Angelo a Scala, per quanto acciottolata, è sconnessa e in salita.

Alla fine del percorso, la tradizione vuole che l'escursionista suoni la campana di bronzo che si trova all'interno della chiesa.

Monte Gelbison

Un percorso consigliato per una giornata intera (l'andata è di circa 6 ore) è quello che da Montano Antilia sale al Santuario della Madonna del Monte Sacro.

Il sentiero parte dalla cappella di Sant'Anna a Montano e, dopo un primo tratto, porta a un'area picnic in località Ceraso, a 1254 metri di altitudine.

Continuando a salire è possibile godere di un panorama mozzafiato che spazia dalla vetta del Cervati al golfo di Policastro.

In lieve salita si costeggiano delle *nevere*, storiche costruzioni di queste montagne, per giungere alla località Salve Regina e al Passo della Beta (1332 metri).

Da qui si percorre un ultimo breve tratto fino al Monte Gelbison, dove potremo trovare ristoro al Santuario della Madonna del Monte Sacro, antichissimo, già conosciuto ai tempi dei Saraceni e probabilmente, in epoca antica, consacrato a divinità pagane.

Oltre all'immersione in un passato remoto, è possibile, dalla posizione privilegiata del santuario, ammirare un panorama imperdibile su tutto il Sud Italia, dalla Calabria sino alla Sicilia e, a nord, sino alla Costiera amalfitana e al massiccio del Vesuvio.

Emilia Romagna

La Via Romea Nonantolana

C'è uno storico cammino, percorso dai pellegrini da più di dodici secoli, che collega il Nord Italia con Roma, attraversando gli splendidi paesaggi dell'Appennino tosco-emiliano. Si tratta della cosiddetta "Via Romea Nonantolana" che prende questo nome dall'Abbazia di Nonantola, tappa obbligata del percorso e luogo, insieme a Cluny, tra i più importanti dell'Europa medievale.

È possibile raggiungere l'abbazia dal Nord Italia attraverso un'altra bretella, la Nonantolana-Longobarda, oppure decidere di partire direttamente da Nonantola e proseguire verso Roma.

L'abbazia, fondata nel 752, è stata il centro propulsore di tutto il modenese in quanto i benedettini che la abitavano hanno bonificato molti territori all'epoca acquitrinosi.

Che si decida di percorrere tratti pianeggianti della Nonantolana-Longobarda o risalire sull'Appennino emiliano, l'abbazia merita sicuramente una lunga e accurata visita.

Il museo che ospita il sacro tesoro e la biblioteca ricca di codici miniati permettono di immergersi in un Medioevo ricco di fascino e spiritualità.

Il cammino di san Vicinio

Un sentiero piuttosto impegnativo, consigliato agli escursionisti esperti, è quello che da Sarsina, la città natale del commediografo Plauto, arriva a Bagno di Romagna. Il percorso, infatti, copre 37 chilometri e 1334 metri di dislivello, attraversando la natura ardua e rigogliosa del Parco Naturale delle Marmitte dei Giganti.

Si parte dall'antichissima cattedrale di Santa Maria Annunziata e San Vicinio in piazza Plauto, che ospita un collare in ferro al quale si attribuisce un potere taumaturgico.

Dopo diversi chilometri ci si inoltra in un paesaggio impressionante punteggiato di cavità circolari scavate dall'acqua, enormi grotte che la leggenda vorrebbe un tempo abitate dai Giganti.

Risalendo fino al rifugio di Castellaccio, in cui sarà possibile rifocillarsi, si possono ammirare i ruderi dell'Abbazia di San Salvatore in Summano, costruita intorno al X secolo.

Approssimandosi alla località San Piero in Bagno, ci si immerge in una natura selvaggia in cui non è raro incontrare aquile e lupi. Si prende poi la mulattiera che sale fino al Santuario di Corzano per scendere infine a Bagno di Romagna, bandiera arancione del Touring Club Italiano.

Friuli Venezia Giulia

Il sentiero Rilke

Più una passeggiata che una vera e propria escursione, il sentiero Rilke, nei pressi del castello di Duino dove il poeta ha vissuto e composto una delle sue opere più celebri (le *Elegie duinesi*), dà modo di osservare da vicino il fenomeno naturale del carsismo e di immergersi nell'atmosfera del golfo di Trieste, tra il mare e i rilievi di roccia.

Il percorso parte da Sistiana e, costeggiando la ripida scogliera affacciata sul golfo, si inoltra poi in un bosco basso, di vegetazione mediterranea.

Sulla strada si incontrano avamposti della Prima guerra mondiale affacciati sul mare e si giunge, infine, alla dimora storica di Duino, di cui è possibile visitare le stanze e il grande parco.

La passeggiata, veramente adatta a tutti (è solo necessaria un po' di prudenza nel tratto delle scogliere), permette di accedere a squarci di rara bellezza che non stupisce abbiano ispirato uno dei poeti più innamorati della natura.

La grotta di San Giovanni d'Antro

A volte, soprattutto per gli amanti della speleologia, il luogo primordiale in cui ricaricarsi può essere l'umido e recondito sottosuolo. Un'escursione alla grotta di San Giovanni d'Antro permette proprio questa esperienza.

Per raggiungere la chiesa rupestre è possibile imboccare il sentiero dal paese di Biacis, inoltrandosi su una salita immersa nel verde cupo del bosco.

Arrivati al paese di Antro, seguendo l'acciottolato, si trova facilmente la lunga scalinata che sale alla chiesa di San Giovanni. Gradino dopo gradino si sale per poi scendere nel profondo della terra. Arrivati in cima, infatti, si entra nello straordinario complesso ipogeo della grotta. Dietro all'altare della chiesa è possibile percorrere il primo tratto di un cunicolo eroso dall'acqua nella montagna.

Il percorso turistico, svolto in tutta sicurezza con attrezzatura disponibile in loco, permette di accedere solo ai primi 300 metri del lungo labirinto sotterraneo. Questo breve tratto basta però a godere dell'oscurità primigenia del sottosuolo e, per gli interessati, a osservare fenomeni geologici di rilievo come le colate calcidiche.

Lazio

La Valle Santa di Rieti

Avendo a disposizione due giorni pieni, si può programmare un'esperienza immersiva nella Valle Santa di Rieti, uno degli itinerari laziali in cui la bellezza della natura si combina meglio al misticismo dei luoghi francescani.

A pochi chilometri di distanza, infatti, si possono visitare il Convento di Poggio Bustone e i santuari di Forte Colombo e Santa Maria della Foresta.

In caso si abbia invece meno tempo a disposizione, consigliamo di limitare l'escursione al meraviglioso Santuario di Greccio che, a 15 chilometri da Rieti, a un'altitudine di 660 metri sul mare, è incassato in una cornice naturale di boschi e speroni rocciosi.

La tradizione vuole che in questo luogo, nel 1223, san Francesco abbia dato vita a una rievocazione della Natività, il primo presepe della Storia.

Proprio in questa località, domenica 1° dicembre 2019, papa Francesco ha deciso di firmare il documento sul valore e sul significato del Presepe. Io stesso ho avuto l'onore di essere scelto come messaggero delle parole che il papa ha dedicato al Natale e ho quindi assistito alla cerimonia. Il Santo Padre si è trattenuto in preghiera di fronte alla grotta affrescata dove 800 anni fa è nato il presepe, un luogo suggestivo che ha mantenuto la sua semplice spiritualità francescana.

Il Revotano di Roccantica

Nei pressi del borgo di Roccantica, alle pendici dei Monti Sabini, è possibile ammirare una meraviglia naturale, un'enorme voragine carsica di 250 metri di diametro.

Per raggiungerla occorre intraprendere un sentiero avventuroso e, a dire il vero, poco segnalato, tra gli ombrosi lecceti che ricoprono questa parte di Appennino.

Si suggerisce quindi il percorso a escursionisti esperti e adeguatamente attrezzati, in quanto il bosco è spesso interrotto dagli strapiombi della dolina.

L'area del Revotano è stata storicamente interessata dal sorgere di diversi eremi e conventi. I più famosi sono San Leonardo e San Michele, entrambi scavati nella roccia, meta di pellegrinaggi e di escursionisti solitari in cerca di silenzio e ristoro per lo spirito.

Liguria

Rovine dell'Eremo di Sant'Antonio del Mesco

Sul sentiero che porta da Monterosso a Levanto, che richiede un paio d'ore di cammino, ci si trova a camminare tra i ruderi dell'Eremo di Sant'Antonio del Mesco, un luogo magico e isolato che porta direttamente nel cuore di un remoto Medioevo.

L'itinerario, in salita, si articola all'inizio su alti scaloni di pietra per poi rigettarsi nella vegetazione collinare profumata da corbezzoli, pini, lecci e cespugli di timo.

La salita è impervia ma alleggerita da un panorama marino spettacolare che fa capolino, a tratti, dalla bassa vegetazione. Dopo un'ora di cammino, si raggiungono le rovine dell'eremo, a 313 metri sul livello del mare.

Fondato probabilmente dai monaci agostiniani nel 1200, l'eremo sorgeva in una posizione strategicamente rilevante che permetteva di godere di una visuale su Portofino e le Cinque Terre sino a Portovenere.

Rimane ancora traccia di una torretta d'avvistamento usata dai monaci, in particolare nell'epoca delle incursioni saracene, per avvisare le popolazioni liguri dei nemici in arrivo.

La Via della Costa

Dal 2005 è possibile percorrere un lungo sentiero che unisce dodici tappe d'interesse storico-culturale e si articola per 362 chilometri da Ventimiglia a Sarzana. La tratta è nata dal progetto di alcuni escursionisti e pellegrini liguri che sognavano di collegare Santiago di Compostela e Roma attraverso un sentiero costiero che lambisse attrazioni naturalistiche e artistiche della Liguria.

Il percorso è quanto più possibile variegato, con tratti in ciottolato, in asfalto e in sterrato e percorsi nel bosco.

Ognuna delle dodici tappe, di diversa lunghezza, si articola poi al suo interno in percorsi minori che permettono di visitare abbazie, eremi e borghi arroccati.

C'è la possibilità di intraprendere escursioni di poche ore e di molte settimane, grazie anche alla rete di ospitalità sorta contestualmente al cammino.

Lombardia

L'Eremo di Santa Caterina al Sasso

Uno dei percorsi possibili per visitare lo splendido Eremo di Santa Caterina al Sasso, in località Leggiuno, si articola su 18 chilometri partendo da

Cerro di Laveno e tornando, dopo circa 4 ore, al punto di partenza.

Si tratta di un sentiero sicuro e ben segnalato che dal museo della ceramica di Cerro costeggia il Lago Maggiore fino alla piccola chiesa di San Defendente per poi salire all'eremo.

Il monastero, costruito a strapiombo sul lago intorno al XIV secolo, è raggiungibile da una lunga scalinata e, dal 2010, anche attraverso un ascensore costruito nella roccia.

La chiesa, sormontata da una torre campanaria di dodici metri, custodisce ancora la cappella dedicata a santa Caterina nel 1100 da un mercante scampato a un naufragio.

Dopo la visita dell'eremo, che gode di una panorama mozzafiato, si può ridiscendere a Cerro attraversando frazioni come Bosco e Ghirate per inoltrarsi infine nella fitta vegetazione della Torbiera e concludere il cammino con un bagno nel verde.

Il Cammino camuno

Per chi si volesse addentrare nella natura e, al contempo, nel mistero dell'arcaica popolazione dei Camuni e delle loro incisioni, c'è un lungo cammino che percorre 130 chilometri lungo tutta la Val Camonica (in provincia di Brescia).

Si parte dalla chiesa del Romanino di Pisogne per arrivare, attraverso sei tappe di circa 20 chilometri ciascuna, a Pezzo, ultimo paese della valle.

Lungo la strada, oltre alle famose incisioni rupestri dichiarate Patrimonio dell'Umanità dall'Unesco, si possono visitare chiese e castelli arroccati.

Ogni tappa ha i suoi tesori da scoprire, boschi in cui immergersi e luoghi di silenzio, come l'Eremo di San Valentino che sorge sulle rocce della Gradesana, a picco sul lago di Garda.

Marche

L'abbazia di San Biagio in Caprile

Nei pressi di Fabriano, in località Campodonico, è possibile visitare un'abbazia antichissima, fondata nel 1030 dai conti di Nocera e di Gualdo, e un tempo ornata dagli affreschi del maestro di san Biagio in Caprile, caposcuola della pittura fabrianese nel XIV secolo.

Il monastero, tutt'oggi abitato da monaci, sorge in una splendida e ariosa posizione, tra un torrente e una grande pineta.

Da questo meraviglioso luogo di silenzio è possibile intraprendere diversi itinerari nei boschi circostanti. Uno dei molti possibili percorsi si articola in circolo impegnando 4 ore di cammino con un dislivello di 400 metri. Si sale verso il monte Pordinaldo e da qui si fiancheggiano i monti Artensa e Giuoco del Pallone, rilievo così chiamato per la sua somiglianza con la forma di uno stadio.

Da questo punto panoramico, con una vista a perdita d'occhio sui monti circostanti fino alla catena dei Sibillini, si ridiscende fino al rifugio Trofigno per tornare, in breve, al punto di partenza.

La Via Lauretana

Nel libro abbiamo citato il Cammino Francescano della Marca che conduce da Assisi ad Ascoli ripercorrendo le orme di san Francesco.

Il cammino descritto nel libro, da Venarotta a Montedinove, è infatti una delle bretelle che si diramano da questa tratta principale. Ma esiste un altro percorso che da Assisi raggiunge una località marchigiana ricca di spiritualità mariana, il Santuario di Loreto.

Questa via, chiamata Lauretana, congiunge i due borghi storici attraversando 160 chilometri e 7 tappe. È un tratto storico del cammino che i pellegrini medievali effettuavano da Roma per visitare il Santuario della Santa Casa di Loreto.

Le tappe, che in media coprono 22 chilometri, sono diversificate in quanto a paesaggio e difficoltà, ma permettono tutte di visitare antichi borghi, chiese e abbazie, immersi nei verdi boschi delle colline tra Umbria e Marche.

Il cammino è adeguatamente segnalato e fornito di ostelli e diverse soluzioni per l'ospitalità lungo la strada.

Molise

Da Castelpetroso a Cercemaggiore

Per chi volesse scoprire le bellezze naturalistiche e le testimonianze storiche del Molise, c'è un cammino che collega due tra i principali poli religiosi della regione, la Basilica Minore dell'Addolorata di Castelpetroso (IS) e il Santuario della Madonna della Libera di Cercemaggiore (CB).

Si tratta di un cammino che non presenta particolari difficoltà e che, non attraversando altitudini vertiginose, è percorribile in qualsiasi periodo.

Il percorso si articola per 60 chilometri attraverso 12 comuni e offre la possibilità di visitare testimonianze archeologiche (come la città romana di Altilia) e oasi naturalistiche come la Riserva Naturale Regionale di Guardiaregia-Campochiaro, affiancata da un'oasi del WWF.

Camminare tra le Morge

In una vasta area del Molise, che coinvolge dieci comuni, è stato istituito il Parco delle Morge Cenozoiche, località privilegiata per apprezzare queste enormi conformazioni rocciose, databili al periodo del Cenozoico.

Questa antichissima testimonianza dell'epoca in cui si sono formati i principali rilievi montuosi del nostro Paese arricchisce di fascino il già meraviglioso paesaggio molisano che gli itinerari previsti dal parco permettono di ammirare.

Oltre a diversi possibili trekking, a piedi o in mountain bike, il parco è attrezzato per altri tipi di attività, tra cui l'arrampicata e il parapendio.

Piemonte

L'Eremo di Belmonte

Le colline alle spalle di Busca, comune in provincia di Cuneo, godono di un particolare microclima caratterizzato da primavere miti e estati ventilate che favoriscono rigogliose coltivazioni di uva, albicocchi e persino ulivi.

Da questa posizione privilegiata gli escursionisti hanno a disposizione molti sentieri che portano sul monte Pagliano, a 989 metri di altitudine, e che attraversano i dolci boschi collinari della zona.

Fermandosi poco prima della cima del monte ci si può intrattenere nel bellissimo Eremo di Belmonte, fondato nel 1200 con la costruzione della cappella della Madonna e del monastero della certosa femminile di Santa Maria di Belmonte. Nel Seicento, l'eremo è poi passato ai Camaldolesi di San Romualdo ed è diventato centro di richiamo per tutti i pellegrini della zona.

Durante la Seconda guerra mondiale la chiesa è stata gravemente danneggiata e, solo negli ultimi anni, si sono intraprese importanti operazioni di restauro per riportarla alla sua originaria bellezza.

Il Sacro Monte di Varallo

Nella nostra breve lista non può mancare almeno un esempio delle bellissime architetture, tradizionali di Piemonte e Lombardia, che uniscono l'ambiente alpino e prealpino alla spiritualità, i cosiddetti "Sacri Monti". Questi articolati sistemi di chiese e cappelle sono edificati su alture di varia altitudine, permettendo ai pellegrini di intraprendere un percorso di ascesi, spesso rivisitando le tappe della vita di Cristo.

Tra gli 8 Sacri Monti distribuiti tra Piemonte e Lombardia, dichiarati recentemente Patrimonio Unesco, scegliamo di citare il più antico, il Sacro Monte di Varallo, in Valsesia.

Il santuario, immerso nel verde, si compone di 44 cappelle, ognuna raffigurante, con statue e affreschi, un momento della vita di Cristo. Queste piccole opere d'arte si articolano in un percorso guidato culminante nella bella basilica d'ispirazione barocca.

Il Sacro Monte, arroccato su un colle a 600 metri di altezza, domina la città di Varallo e tutta la bassa Valsesia, dando a pellegrini ed escursionisti la possibilità di proseguire il percorso con infiniti itinerari.

Puglia

La Valle degli Eremi

La valle di Stignano, nel Gargano, ha ospitato nei secoli un cospicuo numero di anacoreti che hanno trovato, in questa natura brulla e selvaggia, un rifugio per la loro esistenza dedicata allo spirito. Negli ultimi anni la cosiddetta "Valle degli Eremi" è diventata meta comune di pellegrinaggio ed escursionismo con visitatori da ogni parte del mondo.

Di solito si parte dall'Abbazia di Santa Maria di Pulsano, instaurata sull'omonimo colle nel VI secolo dal monaco-papa san Gregorio Magno. Da qui si può già godere di una vista mozzafiato, con alte pareti rocciose che si affacciano sul golfo di Manfredonia.

A 9 chilometri dall'abbazia, seguendo il percorso, si incontra un altro luogo di grande interesse, il Santuario di San Michele a Monte Sant'Angelo, riconosciuto Patrimonio Unesco nel 2011. Ma queste sono solo due tra le testimonianze più note disseminate su un percorso che permette di scoprire luoghi densi di storia e spiritualità.

Un sentiero ancestrale

Un sentiero che ci riporta alle profondità della Terra e all'inizio dei tempi è quello che, attraverso i magnifici colli di Ostuni, attraversa il Parco Archeologico e Naturalistico di Santa Maria D'Agnano.

In quest'area del Salento, nella grotta di Agnano, sono stati rinvenuti i resti, risalenti al Paleolitico, di una donna inumata col suo bambino, chiamata dagli scienziati "Ostuni1".

Questo itinerario permette di visitare la grotta che, nei secoli successivi, ha ospitato i riti del culto di Demetra e, con l'avvento del Cristianesimo, un affresco cinquecentesco dedicato alla Vergine.

Si può proseguire il trekking lungo un sentiero tra ulivi e querce che conduce al vicino Santuario di Sant'Oronzo.

Sardegna

Il Monte Arcuentu

Per godere di uno dei paesaggi più remoti e selvaggi della Sardegna, la Costa Verde, si può intraprendere un trekking sul Monte Arcuentu. Partendo dalle pendici della montagna, in prossimità dell'agriturismo Arcuentu, si intraprende un sentiero poco segnalato e da subito molto ripido. La salita al monte, con 490 metri di dislivello, richiede brevi e semplici tratti di arrampicata e permette di ammirare incredibili paesaggi vulcanici e rocce basaltiche di ogni forma e colore.

Lungo la salita si trovano tacche in ottone che segnalano il percorso della Via Crucis e sulla vetta del monte, di fianco a un meraviglioso bosco di lecci in cui fermarsi a riposare, svetta la croce panoramica da cui si gode una vista mozzafiato.

Gli amanti della natura selvaggia e della roccia in tutte le sue forme non potranno non apprezzare questo monte, fiero di un remoto passato da vulcano.

La Gola di Gorropu

Nella Sardegna orientale si nasconde uno dei canyon più profondi d'Europa, il Gorropu, una gola alta 500 metri.

Quest'attrazione naturalistica, situata nel Supramonte tra i comuni di Orgosolo e Urzulei, è raggiungibile solamente a piedi e mantiene quindi la sua selvaggia purezza.

L'itinerario più semplice per raggiungere la gola richiede circa due ore e parte dalla località di Sa Barva. Il percorso si articola lungo il corso del Rio Flumineddu, nella profumata vegetazione mediterranea della vallata.

Vi sono comunque diversi itinerari possibili, con lunghezze e difficoltà diverse, tutti culminanti nella maestosa bellezza del canyon.

Sicilia

La Via dei Frati

C'è un percorso che permette di camminare dal cuore della Sicilia fino alla costa settentrionale, attraversando paesaggi diversi, dall'aperta campagna a sentieri di montagna, sino a raggiungere lo splendido mare di Cefalù.

Si tratta della Via dei Frati che, dispiegata su 166 chilometri, unisce Caltanissetta a Cefalù. Il percorso prende questo nome perché ricalca i passi dei frati questuanti che dai conventi maggiori si spostavano, a piedi, fino alle più remote campagne.

Le tappe sono otto, alcune delle quali, più impegnative, richiedono un certo allenamento. Tutte però permettono di attraversare luoghi di bellezza incontaminata e silenzio, punteggiati dalla discreta presenza di piccoli borghi.

Le Vie Francigene di Sicilia

Le Vie Francigene non sono una prerogativa della penisola; anche la Sicilia è attraversata da antichi sentieri, percorsi nei secoli, che sono stati recentemente organizzati in un sistema di quattro itinerari storici.

La più antica Via Francigena di Sicilia è quella che taglia l'isola verticalmente, da nord a sud, unendo Palermo ad Agrigento attraverso un percorso di 183 chilometri. Si tratta della Magna Via Francigena, articolata in nove tappe da 26 chilometri in media, con paesaggi e dislivelli variabili.

Toscana

L'abbazia di Sant'Antimo

Nel cuore delle dolci colline della Val d'Orcia sorge un'abbazia antichissima, risalente all'epoca carolingia, ancora abitata da alcuni monaci, provenienti dalla Francia, che nel 1990 hanno riportato questo luogo alla sua antica bellezza.

Il cuore dell'abbazia è l'antica chiesa romanica, un luogo splendente nella sua spoglia semplicità, sede di concerti e di messe animate dal canto gregoriano grazie all'ottima acustica dell'abside.

Partendo da questo luogo denso di Storia e bellezza è possibile percorrere un anello di 8 chilometri che permette di visitare la valle di Sant'Antimo.

Il percorso, in leggera ma decisa salita, snodandosi sulle colline, raggiunge il Poggio d'Arna, a 583 metri d'altitudine, e costeggia vigneti da cui si ricava un ottimo Brunello di Montalcino.

Le Balze di Valdarno

Dette anche "Smotte", sono formazioni di sabbia e argilla stratificate di diverse fogge, alte anche cento metri, alternate a gole profonde: praticamente un panorama simile ai grandi canyon americani.

Per godere appieno di questa bellezza naturale una delle possibilità è percorrere un sentiero ad anello, noto come percorso "dell'acqua zolfina" che traccia un cerchio di 6 chilometri a partire dal borgo di Castelfranco di Sopra (AR).

Percorrendo questa via si cammina in una vallata rigogliosa, punteggiata da vigneti, sino a raggiungere le alture giallognole delle Balze dove la campagna toscana degrada in un panorama affascinante e inusuale.

Trentino-Alto Adige

La Via Vigilius

Un lungo sentiero sulle orme del vescovo di Trento san Vigilius (IV secolo) unisce l'Alto Adige a Trento, percorrendo 109 chilometri.

Il percorso è diviso in otto tappe, ma i collegamenti del trasporto pubblico permettono all'escursionista di scegliere anche di dedicare una singola giornata a una tappa specifica. Tutte, infatti, contano meno di 20 chilometri e sono percorribili in un giorno.

La Via Vigilius è un sentiero escursionistico a lunga percorrenza che parte dalla stazione a monte della funivia di Monte San Vigilio fino al paese di Vela, appena fuori dalla città di Trento.

Questo percorso permette di scoprire il paesaggio, relativamente sconosciuto ma ricco di suggestione, della bassa montagna, attraversando gran parte delle Val di Non.

Oltre alla bellezza naturalistica il percorso permette di ripercorrere le tracce del vescovo Vigilio, uno dei patroni del Trentino: sulla strada, infatti, si incontrano la chiesetta di Monte San Vigilio, il Santuario della Madonna nella foresta e il monastero di San Romedio.

L'Eremo di San Colombano

Tra i luoghi spirituali più suggestivi del Trentino, sorge arroccato nei pressi dell'omonimo lago.

Per raggiungerlo è possibile percorrere un breve sentiero (2 ore per direzione) di circa 6 chilometri che dalla località di Trambileno porta all'eremo, costeggiando la scenografica gola di Vallarsa.

Alla fine del percorso è necessario salire i 102 scalini che conducono sullo sperone di roccia dove sorge l'eremo.

La tradizione racconta che il primo eremita si insediò a San Colombano nell'VIII secolo e, da allora, per mille anni, diversi anacoreti hanno scelto questo luogo impervio per la loro vita di silenzio. La chiesa, antichissima, risalirebbe al X secolo.

Sulla via del ritorno si costeggia il lago artificiale di San Colombano, dalla caratteristica forma allungata, e il torrente Leno che vi sfocia.

Umbria

Il bosco di Monteluco

Nei pressi di Spoleto, nella frazione di Monteluco, sorge un bosco definito "sacro" per via del santuario francescano che lo affianca e per la densa spiritualità che vi si respira.

Si può raggiungere con un breve trekking da Spoleto, percorrendo il vertiginoso Ponte delle Torri che però, attualmente, risulta chiuso in seguito al terremoto. È comunque possibile intraprendere un altro sentiero che passa dal Fortilizio dei Mulini.

Salendo a Monteluco si incontrano testimonianze di un passato remoto come la chiesa di San Pietro, eretta nel V secolo sui resti una villa romana, o la chiesa romanica di San Giuliano, sorta nel XII secolo.

Si arriva poi al Santuario di Monteluco, che, secondo la tradizione, sarebbe stato fondato dallo stesso san Francesco.

Ma oltre ai reperti storici e religiosi, il colle di Monteluco (800 metri sul livello del mare), interamente coperto da un fitta vegetazione, possiede diversi motivi di interesse naturalistico, come la presenza del leccio sempreverde, una pianta rara in luoghi dell'entroterra, spesso associata a colonie di grandi coleotteri e a specie come il picchio verde, il picchio rosso maggiore, il rampichino e il picchio muratore.

Sulle sponde del Lago Trasimeno

Dalla parte opposta dell'Umbria, nel Parco Regionale del Lago Trasimeno, è possibile percorrere molti sentieri con trekking di difficoltà e lunghezza diverse.

Un percorso medio che permette di godere di splendidi panorami sul lago e sui colli circostanti è quello che si articola ad anello per 14 chilometri partendo dalla piazza di Fontignano per dirigersi, in salita, verso Montali. Il dislivello è di 530 metri e il tempo di percorrenza di circa 5 ore.

Costeggiando l'antica torre di Frontignano si sale attraverso gli uliveti sino a raggiungere un pianoro di ciliegi da cui si gode una vista panoramica sul colle di Montali, sulla vallata di Mugnano e sul colle di Agnello.

Arrivati alla chiesa di Montali (580 metri sul livello del mare) si può apprezzare un magnifico panorama sul Trasimeno per tuffarsi poi nel bosco di cerro e raggiungere il sentiero per Colle San Paolo, deviando verso una dolce discesa per tornare a Frontignano.

Valle d'Aosta

Il Cammino Balteo

Questo cammino offre la possibilità di un lungo viaggio nella natura e nella storia di un paesaggio che alterna boschi ad antichi borghi e castelli.

Il percorso si articola ad anello per quasi 350 chilometri e si sviluppa a media quota, senza superare i 1900 metri di altitudine, caratteristica che lo rende percorribile per buona parte dell'anno.

Ognuna delle 23 tappe richiede dalle 4 alle 6 ore e comprende sentieri di montagna ma anche tratti asfaltati o l'attraversamento di borghi.

Si tratta di una proposta alternativa ai sentieri di alta montagna che abbondano in questa regione ricca di vette sino ai 4000 metri. Il Cammino Balteo, invece, rivolgendosi non solo ad amanti del trekking, propone una modalità di escursionismo più accessibile, con continue soste per scoprire musei, chiese e ricchezze culturali di questa regione.

La Madonna delle Nevi sul lago Misérin

Vicino al confine con la Francia, affacciato sul lago Misérin, sorge un santuario dedicato alla Madonna delle Nevi, a 2583 metri di altitudine.

La tradizione vuole che in questo luogo remoto si fosse rifugiato un militare romano di fede cristiana appartenente alla mitica legione tebea che, salvato da una strage per intercessione della Madonna, portava con sé la statua di Maria che alcuni pastori avrebbero ritrovato secoli dopo, nel 1500, sulle sponde del lago.

Nel 1600 fu quindi costruito il santuario, più volte rimaneggiato nei secoli anche a causa di ingenti danni durante la Seconda guerra mondiale. Nonostante rimanga poco dell'antica struttura, il luogo, per la sua posizione, offre un'oasi di silenzio e quiete, raggiungibile in un breve trekking a partire dalla località Dondena.

Superando l'ex casa di caccia di re Vittorio Emanuele II, oggi trasformata nel rifugio Dondena, si procede su un sentiero sterrato che risale il vallone. Quando la strada si fa più ripida, presentando diversi tornanti, la si abbandona seguendo le indicazioni per il Misérin e giungendo in breve al santuario.

Il percorso, che si articola su 4 chilometri e 495 metri di dislivello, impegna per due ore, permettendo durante la salita, impegnativa ma accessibile, di immergersi nel silenzio della montagna e coronare il cammino con la visita a un luogo di semplice e disarmante bellezza.

Veneto

Il Santuario verticale di Madonna della Corona

Nel veronese, in località Spiazzi, sorge un eremo che sembra fluttuare nel vuoto, arroccato in posizione verticale sulla parete del Monte Baldo, a 774 metri d'altezza.

L'edificio attuale è stato costruito nel 1522 ma, sin dal XII secolo, diversi eremiti hanno scelto di abitare in questo luogo impervio e meraviglioso.

Il sentiero che conduce al santuario è chiamato "Sentiero della Speranza", forse proprio in virtù della sua ripidezza. Il dislivello da percorrere, infatti, è notevole (600 metri) e, a tratti, occorre reggersi a una corda di ferro.

Nei secoli il sentiero è stato allargato e sono stati costruiti alti gradoni per raggiungere più agevolmente il santuario che, oggi, è accessibile a tutti i pellegrini.

Le 52 gallerie del Monte Pasubio

Un noto pellegrinaggio storico, sulle orme dei soldati che hanno dato la vita per il nostro Paese, è la strada delle 52 gallerie, una mulattiera realizzata dalla trentatreesima Compagnia del Quinto reggimento dell'Esercito italiano durante la Prima guerra mondiale.

Si parte da Bocchetta Campiglia (1216 metri sul livello del mare) e si risale il massiccio del Pasubio attraverso 52 gallerie scavate nella roccia. Più di metà del percorso, che richiede 3 ore di cammino per un dislivello di 712 metri, è interamente scavato nella roccia, e permette l'esperienza unica di ripercorrere le tracce dei soldati.

Tra una galleria e l'altra si incontra una vegetazione varia, da un fitto bosco di faggi nella parte bassa alla tipica vegetazione di rupe man mano che si sale.

Raggiunto il rifugio Papa (1928 metri sul livello del mare) è poi possibile continuare su altri sentieri, uno dei quali conduce alla Zona Sacra, dove si sono svolti gli scontri più sanguinosi del conflitto.

Indice

Finito di stampare
nel mese di gennaio 2020 presso
Grafica Veneta S.p.A.